ENSEIGNEMENTS TIRÉS DE LA PAROLE DE DIEU

W. F. P. Burton Traduit de l'anglais par
Arlette Drury

WIPF & STOCK · Eugene, Oregon

TABLE DES MATIERES

ENSEIGNEMENTS TIRÉS DE LA PAROLE DE DIEU

Le Livre sacré 3

Dieu 3

Notre Seigneur Jésus-Christ 5

Le Saint-Esprit 10

L'œuvre du Saint-Esprit 11

L'homme 12

LES ANGES: DES MESSAGERS 18

L'ANTICHRIST 20

LA FOI 20

Qu'est-ce que la foi? 20

La nouvelle naissance 23

La sainteté – Qu'est-ce que la sainteté? 24

La prière 28

Reconnaissance 31

L'EGLISE DE DIEU 37

Les églises visibles 37

Comment savons-nous que le Saint-Esprit est venu? 40

La mort. Pourquoi les hommes meurent-ils? 47

Le sabbat ou septième jour. 50

LES ALLIANCES: Dieu fait alliance avec les hommes 53

LES JUGEMENTS 55

ENSEIGNEMENTS TIRÉS DE LA PAROLE DE DIEU

Nous savons que la Bible est la Parole de Dieu et non celle d'un homme (1 Thessaloniciens 2:13).

Celui qui désire connaître la Parole de Dieu doit passer premièrement par la nouvelle naissance (1 Corinthiens 2:12-14).

Il faut désirer la Parole de Dieu de tout son cœur (1 Pierre 2:1-2).

Abandonnez tout manque d'attention en la lisant (Romains 12:11; 2 Pierre 1:4-6).

Lisez dans la prière (Jean 14:23-26; 16:13) afin de permettre au Saint-Esprit de vous éclairer (Psaume 119:18).

Obéissons à ce que nous lisons dans la Parole (Jean 7:17; 17:17; Psaume 119:128).

Le Livre sacré

C'est le Saint-Esprit qui s'est exprimé par la bouche de l'homme (Actes 1:16; Luc 10:16; 2 Samuel 23:1-2).

Nous avons là les paroles de Dieu (Apocalypse 1:19; 14:13; Hébreux 4:12; 1 Pierre 1:23; Exode 34:27; 2 Samuel 23:2; Proverbes 30:6).

Dieu a parlé par les prophètes (Hébreux 1:1).

Les prophètes ne pouvaient comprendre ce dont ils parlaient (1 Pierre 1:11).

Dieu inspira ce qui devait être écrit (2 Timothée 3:15-17).

La Parole n'est pas due à la volonté humaine, mais ce sont des hommes poussés par le Saint-Esprit qui l'ont écrite (2 Pierre 1:20-21).

En elle est la vie éternelle (Jean 5:39).

Les gens de valeur sont ceux qui lisent les saintes Ecritures (Actes 17:11).

Les Ecritures sont destinées à nous offrir consolation et espérance (Romains 15:4).

Semons la Parole de Dieu. C'est la vérité. (Marc 4:14; 2 Timothée 4:1-2).

Tous ces écrits trouveront leur accomplissement (Luc 21:32-33).

Le ciel et la terre passeront mais ces paroles sont éternelles (Matthieu 5:18).

Le Nouveau Testament révèle l'autorité et la source divine de l'Ancien (Romains 4:23-24; 15:4; 1 Corinthiens 10:6, 11; 2 Timothée 3:15-16).

Dieu

Celui qui prétend que Dieu n'existe pas est un insensé (Psaume 14:1).

Il existe bien des choses que nous ne comprenons pas au sujet de Dieu (1 Corinthiens 13:12; Psaume 145:3; Romains 11:33).

Nous découvrons Dieu dans sa création (Romains 1:20; Psaume 19:1).

Nous Le connaissons en Christ (Jean 14:9; Hébreux 1:3; 1 Timothée 3:16).

Nous Le connaissons au travers de sa Parole (2 Corinthiens 3:18).

Dieu est trois en un (Matthieu 28:19; 2 Corinthiens 13:14; Psaume 2:7; Jean 14:16; Actes 1:26; 3:22; Esaïe 7:14).

Il est Un et pourtant pluriel en même temps, comme dans Matthieu 19:6; Galates 3:28; Deutéronome 6:4; Esaïe 44:6 et 48:16.

Le Père est Dieu (Romains 1:7), et Il est saint (Jean 17:11).

Le Fils est Dieu (Hébreux 1:8), et Il est saint (Actes 3:14).

L'Esprit est Dieu (Actes 5:3-4), et Il est saint (Ephésiens 4:30).

Dieu est esprit (Jean 4:24). Tout esprit est invisible (Colossiens 1:15); il ne possède ni corps, ni ossature (Luc 24:39), mais il peut cependant se rendre visible (Jean 1:32).

Dieu est Roi sur toutes choses (Psaume 24:10; 12 Timothée 1:17).

Il est le Seigneur de la vie (Actes 14:15; 1 Thessaloniciens 1:9; Psaume 94:9-11; Jérémie 10 10).
Nous devons nous approcher de Lui avec respect (Hébreux 12:28).
Dieu ne change pas (Jacques 1:17; Psaume 102:26-27; Malachie 3:6).
Le Père a envoyé le Fils (Jean 17:18).
Et le Fils a envoyé l'Esprit (Jean 16:7).
Dieu est amour (Psaume 86:5, 15; 2:4-5; Romains 5:8; Jean 16:27; 3:16; Psaume 6:4; 21:7; Philippiens 2:27; 1 Jean 4:8).
Dieu est juste (Psaume 145:17; 114:7; 2 Timothée 4:8; Jean 17:25; Jacques 1:17). Il l'est lorsqu'Il récompense (Hébreux 6:10), lorsqu'Il juge (Psaume 11:4-7), et quand Il pardonne (1 Jean 1:9; Romains 3:26). Il est la personnification de la vérité (Deutéronome 32:4; Jean 17:3).
Dieu est éternel (Psaume 90:2; 102:24-27; Apocalypse 1:8).
Dieu est saint (1 Pierre 1:16; 1 Jean 1:5).
Il est en tous lieux (Actes 17:24-28; Matthieu 28:20; Psaume 139:7-12; Jérémie 23:23-24).
Il sait toutes choses (1 Jean 20; Psaume 147:4-5; 139:2-3).
Il est omnipotent (Matthieu 19:26).
Il est la Source de tout ce qui est bon (Jacques 1:17).
C'est Dieu qui nous attire à Lui (Jean 6:44; 12:32).
C'est Lui qui nous donne la foi (Ephésiens 2:8; Hébreux 12:2).
C'est Lui qui nous incite à l'aimer et à désirer faire sa volonté (Philippiens 2:13).
C'est à nous de Lui obéir (Romains 6:13; 12:1-2; Jacques 4:7).
Il est à l'origine de toutes choses (Jean 1:1-3).
Il soutient tout ce qui est (Colossiens 1:15-17; 2:9; Hébreux 1:3; Psaume 104:27-30; Psaumes 75:6 et 145:15-16).

L'autorité de Dieu

Il agit en toutes choses selon sa volonté (Ephésiens 1:11; Matthieu 20:15; Romains 9:18).
L'homme ne peut contredire l'autorité divine (Hébreux 6:3; Jacques 4:15; Job 9:12; Psaume 33:11; Actes 5:39).
Les anges sont soumis à Dieu (1 Pierre 3:22).
Même ceux qui sont en rébellion contre Lui ne peuvent le repousser (Marc 5:12; Luc 10:17).
Il choisit qui Il veut (Romains 9:11-18).
Il juge avec équité (Romains 2:6; Hébreux 12:23; Romains 3:6; 2 Timothée 4:1).
Il aveugle ceux qui le rejettent (Actes 28:26-27; Romains 1:21-28).
Dieu permet à ceux qui refusent la vérité de croire au mensonge (2 Thessaloniciens 2:11-12; 1 Rois 22:22).
Avant la création, Dieu décida de ce qui serait accompli par la mort de son Fils (Actes 2:23; 4:28; Apocalypse 13:28).
Il a choisi les insensés du monde afin de confondre les sages (1 Corinthiens 1:18-19 et Actes 4:13).
Il se sert même de la persécution des hommes afin de disséminer l'Evangile (Actes 8:1- 4; Philippiens 1:12-14).

Il manifeste sa miséricorde envers qui Il veut, et Il endurcit également qui Il veut (Romains 8:14-18; Matthieu 20:15).

Il connaît toutes choses, même le futur (Actes 15:18; Esaïe 42:9; 46:10; 1 Pierre 1:2; Daniel 2:28; Hébreux 4:13).

Il agit toujours selon une justice parfaite (Romains 2:6; Hébreux 2:2; Romains 3:6 et 2 Timothée 4:8).

Christ possède toute autorité (Matthieu 28:18; 1 Corinthiens 15:24; Philippiens 2:10).

Nous devons nous soumettre à Lui (1 Pierre 5:6; Hébreux 12:9; Jacques 4:7-10).

Il veut que tous les hommes, en tous lieux, se repentent (Actes 17:30; 1 Timothée 2:4, 6; Jean 12:32).

Tout est bien pour ceux qui l'aiment (Romains 8:27-28).

Dieu, le Père de notre Seigneur Jésus-Christ

Dieu le Père est le plus grand (Jean 14:28).

Le Père a engendré le Fils (Psaume 2:7; Hébreux 1:15; Matthieu 3:17; 17:5; Luc 1:35; 9:35).

Jésus reçoit la vie de son Père (Jean 6:57-58).

Les œuvres de Christ Lui ont été données par le Père (Jean 5:19).

Le Père l'a envoyé (Jean 6:29; 8:29 et 42).

Le Père l'a désigné en vue de sa mort et de sa résurrection (Jean 10:18).

Jésus est Celui qui a reçu toutes choses de son Père (Jean 13:3).

Le Père Lui a donné ce qui sera son témoignage (Jean 8:29, 40; Deutéronome 18:18).

Dieu a placé dans le cœur de Christ le désir d'accomplir les œuvres de son Père (Jean 5:36; 14:11).

Le Père l'a fait Roi et Seigneur, et Christ aussi (Luc 22:29; Actes 2:36).

Il remettra le royaume entre les mains de son Père (1 Corinthiens 15:24), mais Il continuera à régner éternellement (Luc 1:33).

Les hommes ne peuvent venir au Père qu'au travers du Fils (Hébreux 7:25; Jean 14:6).

Le Père est à la tête du Fils (1 Corinthiens 11:3).

Le Père est le Dieu de notre Seigneur Jésus (Jean 20:17).

Notre Seigneur Jésus-Christ

Il est Dieu (Jean 1:1; 1:18; 5:18; 20:28; Romains 9:5).

Il existe de toute éternité (Colossiens 1:17; Michée 5:2; Jean 17:5, 24; 1:1; Hébreux 7:3).

Il a toujours été un avec Dieu le Père (Philippiens 2:6; Jean 1:1; 17:5).

Jésus a créé toutes choses (Hébreux 1:2; Jean 1:3).

Tout subsiste en Lui (Colossiens 1:17; Hébreux 1:3).

Il était avec Dieu, son Père, dès le commencement (Jean 1:2; 17:5).

Il ne change pas (Hébreux 1:12; 13:8).

La Trinité, dans son ensemble, est complète en Lui (Colossiens 1:16-17; 2:9).

On ne doit adorer que Dieu seul (Apocalypse 22:9; Actes 10:25-26; 14:12-17).

Jésus est cependant adoré, Lui aussi (Matthieu 14:33; Hébreux 1:6; Philippiens 2:10).

Il donne la vie à qui Il veut (Jean 5:21 et 26).

Il est le Juge de tous (Jean 5:22; 2 Timothée 4:1; Actes 17:31).

Toute autorité a été investie en Lui (Matthieu 28:18; Hébreux 22:8).

Il pardonne le coupable (Marc 2:5; Luc 7:48).

Il est omniscient (Jean 16:30; Colossiens 2:3).
Il refuse toutefois de savoir quel sera le moment de son retour (Marc 13:32).
Il est omniprésent (Matthieu 18:20; Ephésiens 1:23).
Il est Seigneur de la vie (Jean 5:21, 26; Jean 1:4; 14:6).

L'humanité du Seigneur Jésus-Christ

Il est devenu homme (Jean 1:14; Philippiens 2:7; 1 Timothée 3:16; Hébreux 2:16-17).
Il est né de la Vierge Marie (Esaïe 7:14; Matthieu 1:18; Luc 1:34-35; Galates 4:4).
Il est de la famille d'Israël (Esaïe 9:6; Actes 13:23).
Il est de la postérité de David en ce qui concerne son corps physique, mais Il est Fils de Dieu en ce qui est de son Esprit (Romains 1:3-4).
Il a grandi comme chacun d'entre nous (Luc 2:40; 2:46-52; Hébreux 2:14; 5:8).
Son apparence était semblable à celle de n'importe quel homme. Il était reconnu comme un Juif, (Jean 4:9), ou encore un jardinier (Jean 20:15), un étranger (Luc 24:18-19), un charpentier (Matthieu 13:55 et Marc 6:13). Rien ne le distinguait des autres hommes si l'on jugeait de l'extérieur (Jean 21:4-5).
Il possédait un corps ordinaire (Hébreux 2:14), une âme et un esprit, ordinaires eux aussi (Matthieu 26:38, Luc 23:46 et Jean 13:21). Il connaissait la faim (Matthieu 4:2), la soif (Jean 19:28), la fatigue (Jean 4:6; Matthieu 8:24). Dans le chagrin, Il versa des larmes (Jean 11:35). Il s'endormait (Matthieu 8:24), et Il fut tenté en toutes choses comme nous le sommes (Hébreux 2:9-18).
Il est encore un homme maintenant, dans la Gloire (1 Timothée 2:5; Actes 7:55 et Philippiens 3:21).

Pourquoi le Fils Dieu devint-Il un homme?

Il voulait révéler ce à quoi Dieu ressemblait (Matthieu 11:27; Jean 1:18; 14:9).
Il devait nous apporter la grâce et l'amour de Dieu (Jean 3:16; Romains 5:8).
Il allait donner un exemple aux enfants de Dieu (1 Pierre 2:21; 4:1-2; Hébreux 12:3).
Jésus allait détruire les œuvres du diable (1 Jean 3:8; Hébreux 2:14; Colossiens 2:15).
Dans le but de nous délivrer, Il devait passer par nos tentations (Hébreux 2:9-18; 4:15).
Il deviendrait notre Souverain Sacrificateur (Hébreux 2:16-17; 9:11-12).
Il règnerait sur le trône de David (Luc 1:32; Romains 15:8, 12; 2 Samuel 7:16; Actes 2:30-36).
Il était destiné à devenir la Tête de l'Eglise (Colossiens 1:18).
Il mourrait un jour à la place des pécheurs (Hébreux 10:5-10).
Il nous apporterait la vie éternelle (1 Jean 4:9).
Il prendrait sur Lui la malédiction qui devait tomber sur nous (Galates 3:13).

Pour qui est-Il mort?

Il est mort pour le monde entier (Jean 1:29; 2 Corinthiens 5:15; 1 Timothée 1:15; Hébreux 2:9; 1 Jean 2:2).
Il est mort pour l'ensemble de la création (Marc 16:15; Romains 8:19-23).
Il est mort pour nos péchés (1 Corinthiens 15:3).
Sa mort est pour les pécheurs, (Romains 5:6-8; 1 Timothée 1:15; 1 Pierre 3:18).
Pour l'Eglise (Actes 20:28; Ephésiens 5:25; 1 Timothée 4:10).
Pour une multitude (Hébreux 9:28).
Et enfin POUR MOI (Romains 14:15; 1 Corinthiens 8:11; Galates 2:20).

Pourquoi le Seigneur Jésus est-Il mort?

Jésus devint homme afin de passer par la mort (Hébreux 2:14).

Il ne refusa pas la mort mais s'y livra (Jean 6:51; 10:17-18).

Les prophètes se demandaient: «pour quelle raison doit-Il mourir?» (1 Pierre 1:11-12; Luc 24:27, 44; Psaume 22:16-18).

Il devait porter nos péchés (Jean 1:29; Hébreux 9:26; 1 Jean 3:5).

Il serait une offrande destinée à nous purifier du péché (Jean 1:29; Esaïe 53:7-12; Ephésiens 5:2; Hébreux 9:12, 22 et 26).

Il a porté le châtiment de nos péchés (Romains 4:25; Galates 1:4; 3:13).

Semblable à un agneau, il naquit afin de passer par la mort (Hébreux 2:14; 1 Jean 3:5).

Il était destiné à mourir même avant la création du monde (Apocalypse 13:8).

Dans la soumission, Il devait nous ramener à Dieu (2 Corinthiens 5:15; 1 Pierre 2:21-25).

Il donna sa vie en rançon (Matthieu 20:28; 1 Timothée 2:6; 1 Pierre 1:18-19).

Il voulait nous révéler l'amour de Dieu (Jean 3:16; Romains 5:8, 1 Jean 3:16; 4:9).

Il était le prix de notre rédemption (Matthieu 20:28; 1 Pierre 1:18; 1 Timothée 2:6; Galates 3:13). (Nous étions des esclaves, selon Romains 6:17 et 7:14.)

Il voulait nous réconcilier avec Dieu en devenant un sacrifice propitiatoire (Romains 3:25; 1 Jean 2:2).

Une vie nouvelle nous est montrée en établissant une comparaison avec sa mort (Romains 6:4).

La communion entre Dieu et l'homme est rétablie grâce à Jésus (Romains 5:10; 2 Corinthiens 5:18-21; Ephésiens 2:15-16; Colossiens 1:20-22).

Il a pris notre place (1 Pierre 2:24; 3:18; 2 Corinthiens 5:21; Jean 10:11; 1 Pierre 3:18).

Sa mort est un acte de soumission envers son Père (Jean 10:17-18; Hébreux 10:7; Actes 2:23; Psaume 22:15).

Il a vaincu Satan et a fait fuir ses hordes de démons (Colossiens 2:14-15; 1 Jean 3:8).

Il devait être l'accomplissement de la Loi (Colossiens 2:14; Galates 3:13; 4:4-5; Romains 10:4).

Il devait sceller la nouvelle Alliance (Hébreux 13:20).

Il n'est mort qu'une seule fois et ne subira plus jamais la mort (Romains 6:9-10; Hébreux 7:27; 9:26-28).

Sa mort est notre doctrine première et principale (1 Corinthiens 1:18; 15:1-3; Galates 6:14).

Tous les prophètes l'ont proclamée (Luc 24:27, 44; 1 Pierre 1:11).

Ce sera notre chant dans la gloire (Luc 9:30-31; Apocalypse 5:8-12).

Sa croix est notre propitiatoire (couvercle de l'Arche de l'Alliance. Ndt.); Romains 3:25; 1 Jean 2:2; Hébreux 2:17).

Nous y trouvons réconciliation (Romains 5:10; 2 Corinthiens 5:18-19; Ephésiens 2:16; Colossiens 1:20). (Nous sommes les ennemis de Dieu, selon Romains 8:7, Ephésiens 2:15 et Jacques 4:4.)

Qu'est-ce que le sang de Christ nous a apporté?

Il nous a apporté la paix (Colossiens 1:20), la pureté de cœur (1 Jean 1:7), la rédemption (Ephésiens 1:7 et Apocalypse 5:9), la justification (Romains 5:9) et la communion (1 Corinthiens 10:16).

Son sang nous donne la vie éternelle (Jean 3:14-15), la délivrance face à la crainte de la mort (Hébreux 2:14-15).

Il nous offre la résurrection (1 Corinthiens 15:21), la possibilité de nous approcher de Dieu (Ephésiens 2:13), la victoire sur Satan (Apocalypse 12:11). Grâce au sang de Jésus, nous mourons au monde (Galates 6:14), nous recevons le don du Saint-Esprit (Galates 3:13-14), la sainteté (Hébreux 13:12). Nous sommes nourris spirituellement, nous sommes aussi désaltérés (1 Corinthiens 10:4 et Jean 6:34); nous sommes libérés de l'esclavage du diable (Romains 6:6; Jean 6:53-56), et nous sommes réconciliés avec Dieu (Hébreux 12:24 et Ephésiens 2:16).

La résurrection du Seigneur Jésus-Christ

La résurrection de notre Seigneur Jésus est l'un des aspects essentiels de l'Evangile de notre salut (1 Corinthiens 15:4; Actes 4:10, 33; 2 Timothée 2:8).

Jésus en parlait à l'avance: «je mourrai et le troisième jour, je ressusciterai» (Matthieu 16:21; Matthieu 17:23; Matthieu 20:19).

Son corps sortit du tombeau (Luc 24:36-43; Jean 20:20-29).

Lui seul possède un corps ressuscité à l'heure actuelle (1 Timothée 6:16).

Sa résurrection prouve qu'Il est le Fils de Dieu (Romains 1:14).

La résurrection prouve qu'Il est le Juge des vivants et des morts (Actes 17:31).

La résurrection prouve que Jésus est Dieu (Matthieu 12:38-40; Jean 2:18-22).

Sa résurrection est notre assurance (1 Corinthiens 15:22; 2 Corinthiens 4:14; Jean 14:19; 1 Thessaloniciens 4:15-18).

Certains sont revenus à la vie, eux aussi (Matthieu 9:25; Jean 11:43), mais seul Christ, après sa résurrection, est entré dans une vie glorieuse (1 Corinthiens 15:20; Philippiens 3:20-21).

Sa résurrection témoigne de notre justification (Romains 4:25).

Elle est le gage de notre propre résurrection (1 Corinthiens 15:22; 2 Timothée 1:10; Philippiens 3:20).

Jésus est ressuscité afin de nous donner le pouvoir de vivre cette vie nouvelle (Ephésiens 1:19-22; Philippiens 3:10).

NOTE: Il y a deux résurrections (Jean 5:25-29; Actes 24:15; Daniel 12:2). On a d'abord la résurrection qui conduit à la vie (1 Thessaloniciens 4:16-17) et la résurrection qui conduit au jugement (Apocalypse 20:11-15). Mille ans s'écouleront entre les deux événements (Apocalypse 20:5). Jésus est les prémices de la résurrection (1 Corinthiens 15:20-24). Les croyants reviendront à la vie, eux aussi, puis ceux qui sont morts dans l'impiété ressusciteront à leur tour; ils seront condamnés à être jetés dans l'étang de feu (Apocalypse 20:13-15).

Satan détient le pouvoir de la mort (Hébreux 2:14), mais notre Seigneur a triomphé de lui (Hébreux 2:9; 1 Jean 3:8).

Jésus est le Seigneur de la vie. La mort n'a aucun pouvoir sur Lui (Actes 2:24; Jean 1:4; 5:26; 11:25).

Sa résurrection nous a donné un Souverain Sacrificateur qui peut présenter notre cause devant Dieu (Romains 8:34; Hébreux 4:14 à 5:10).

La gloire du Seigneur Jésus-Christ dans son ascension – Jean 6:62 et 20:17

Christ parle de son ascension avant l'événement lui-même (Luc 9:51; Jean 6:62; 20:17).

Les prophètes l'avaient discernée (Psaume 68:18; 110:1; 1 Pierre 1:10-11).

L'ascension nous est décrite (Marc 16:19; Luc 24:51; Ephésiens 4:8).
Etienne vit Jésus dans sa gloire (Actes 7:55-56).
Les apôtres prêchèrent l'ascension (1 Timothée 3:16; 1 Pierre 3:22).
Dieu a fait de Jésus le Seigneur (Matthieu 22:43-45; Luc 2:11; Actes 2:36; 4:33).
On doit par conséquent se soumettre à Lui (Luc 6:46; Philippiens 2:9-11).
Il remonta au ciel dans son corps physique (Luc 24:51; Actes 1:9-10).
Il est monté au-dessus de tous les cieux (Ephésiens 4:10; Hébreux 4:14; 7:26; 8:1).
Il est assis à la droite de Dieu (Ephésiens 1:20; Colossiens 3:1).
Il s'est assujetti toutes les puissances mauvaises (Colossiens 2:15; 1:20-22; Actes 5:31).
Il est assis là afin de nous représenter devant Dieu (Romains 8:34; Hébreux 9:24).
Il est assis au ciel afin de soumettre les puissances du mal (Psaume 110:1-5).
Il est notre précurseur (Hébreux 6:20).
Il est allé au ciel afin de nous préparer une place (Jean 14:2; Hébreux 9:23-24; 11:10; 12:28).
Il attend le jour où toutes choses Lui seront soumises (Actes 3:20-21; Hébreux 10:12-13).
Son ascension permet de nous approcher de Dieu sans crainte (Hébreux 4:14-16).
Elle nous donne une espérance sans fin (2 Corinthiens 5:1-8).
Elle nous donne l'assurance que toutes choses concourent au bien de ceux qui L'aiment (Romains 8:28).
Il est remonté au ciel afin de nous offrir la résurrection et la vie (Jean 12:24; Romains 6:4).
Il est monté afin de répandre son Saint-Esprit (Actes 2:33-36).
Nous serons glorifiés comme Il l'est Lui-même (1 Jean 3:2; Hébreux 2:6-9; 1 Corinthiens 15:52).
Il est la Tête de l'Eglise (Ephésiens 1:22-23).
Il occupera le trône de David (2 Samuel 7:16; Luc 1:31-33; Actes 2:25-31).
La première création a été ruinée par le péché (Genèse 3:14-19).
La nouvelle création, elle, est préservée en Christ (2 Corinthiens 5:17; 1 Corinthiens 6:17; Galates 3:26).
Nous sommes acceptés en Lui, et nous partageons sa gloire (Ephésiens 1:6; Jean 17:24; Colossiens 3:4).

Le retour de notre Seigneur Jésus-Christ

Notre Seigneur reviendra (Jean 14:3; 1 Thessaloniciens 4:16-17; Philippiens 3:20-21).
C'est une consolation pour ceux qui sont dans le deuil (1 Thessaloniciens 4:18).
C'est aussi un réconfort pour l'ensemble des croyants (Tite 2:13; 2 Pierre 3:11-13; Luc 12:35-36; 1 Thessaloniciens 1:9-10; Philippiens 3:20-21).
Ceux dont les désirs sont coupables détestent un tel enseignement (2 Pierre 3:3-4).
Cette espérance nous incite à vivre une vie sainte (Luc 21:34-36; 1 Jean 2:28; 3:3).
Jésus reviendra premièrement pour emmener ceux qui vivent dans la sainteté (1 Thessaloniciens 4:16-17; Colossiens 3:4; 1 Corinthiens 15:22-23; 1 Corinthiens 15:51-52).
Il reviendra ensuite sur la terre accompagné des «saints» (ceux qui ont été mis à part pour lui) (1 Thessaloniciens 3:13; Apocalypse 1:7; Zacharie 14:4-7; Jude 14-15).

Il reviendra pour les siens
Il reviendra comme Il est parti (Actes 1:11).
Il reviendra dans la gloire (Marc 8:38).
Il viendra comme un voleur dans la nuit (1 Thessaloniciens 5:2; Apocalypse 16:15).
Il prendra la place qui Lui était destinée (Jean 14:3; 1 Thessaloniciens 4:16-17; 2 Thessaloniciens 2:1).
Il nous transformera à son image (Philippiens 3:20-21; 1 Jean 3:2; Psaume 17:15).
Il récompensera ses serviteurs (Matthieu 16:27; 2 Timothée 4:8; 1 Pierre 5:4).
Il sera glorifié dans ses saints (2 Thessaloniciens 1:10).
Il emmènera l'Eglise qui est son Epouse (Apocalypse 19:7-9; 2 Corinthiens 11:2).
Nul ne connaît le jour ou l'heure de sa venue (Marc 13:32; Actes 1:7).
Jésus reviendra à un moment où le monde ne l'attend pas (Luc 17:26-30).
Ce sera un temps de déclin (1 Timothée 4:1; 2 Timothée 3:1-5).
Ne connaissant pas l'heure de son retour, demeurons dans l'attente avec vigilance (Luc 12:35-36; Matthieu 25:13; 1 Thessaloniciens 5:6).
Il faut d'abord que l'homme d'iniquité soit révélé (2 Thessaloniciens 2:1-4).

Christ revient sur la terre avec nous
Il revient pour régner (Luc 19:12-15; Matthieu 25:31; Zacharie 14:9; Apocalypse 11:15; 19:16; Luc 17:32).
Il récompensera ses serviteurs (Matthieu 25:19).
Il sera le Juge (2 Timothée 4:1; Jude 14-15; Esaïe 26:21; 1 Thessaloniciens 1:7; 2:8).
Toutes les nations seront réunies devant Lui afin d'être jugées (Matthieu 25:31-32).
Ceux qui l'auront rejeté seront dans le deuil (Matthieu 4:30; Apocalypse 1:7; 19:11-16).
Il rassemblera Israël dispersé (Zacharie 14:1-4; 8:3-8; Romains 11:26; Esaïe 66:20).
Les Gentils Lui seront tous soumis (Actes 15:16-17; Psaume 72:8-11; Apocalypse 11:15; 15:4).
Il reviendra assujettir les rebelles (Psaume 2:9; 2 Thessaloniciens 1:7-9).
Il apportera la paix (Esaïe 2:4; Psaume 72:7; Esaïe 11:9).
Il détruira l'Antichrist (2 Thessaloniciens 2:8; Apocalypse 19:20).
Il liera Satan (Apocalypse 20:1-3 et 10).
Il libèrera la création tout entière (Romains 8:19-21).
Il produira un nouveau ciel et une nouvelle terre (2 Pierre 3:12-13; Apocalypse 21:1).

Le Saint-Esprit
Il est appelé **l'Esprit de:**
- SAINTETÉ (Romains 1:14),
- VERITÉ (Jean 14:17),
- La PROMESSE (Ephésiens 1:13),
- FEU (Matthieu 3:11-12),
- VIE (Romains 8:2),
- GLOIRE (1 Pierre 4:14),
- DIEU (1 Corinthiens 3:16).

Le Saint-Esprit est réellement Dieu (Actes 5:3-4; Matthieu 28:19; 2 Corinthiens 3:18).
Nous pouvons l'attrister (Ephésiens 4:30; Hébreux 10:29).
Nous pouvons dire du mal de Lui ou encore blasphémer contre Lui (Matthieu 12:31).

Il est éternel (Hébreux 9:14).
Il nous enseigne (Jean 14:16).
Il nous parle (Galates 4:6; Jean 16:13-15).
Il intercède pour nous (Romains 8:26).
Il nous conduit (Romains 8:14).
Il choisit des messagers (Actes 13:2; 15:28; 20:28).
Il est Lui-même l'Envoyé de Dieu (Jean 15:26) et l'Envoyé du Fils (Jean 16:7).
Il est omniprésent (Psaume 139:7-10), et omniscient (1 Corinthiens 2:10-11).

L'œuvre du Saint-Esprit

Il a recréé le monde original qui avait été détruit (Genèse 1:2; Psaume 33:6; 104:29-34).
Avant l'ascension de Christ, l'Esprit n'avait pas été répandu (Jean 7:39).
Il doit venir stimuler ceux qui sont destinés à des œuvres particulières (Luc 1:15, 41; Nombres 11:25; Juges 3:10; 6:34; 1 Samuel 16:13).
Aujourd'hui, Il vient demeurer en nous (1 Corinthiens 6:17; Jean 14:17; Ephésiens 2:18-22).
Il nous oint pour son œuvre (2 Corinthiens 1:21; 1 Jean 2:20, 27).
L'Esprit est un don qui nous est accordé en permanence (Jean 14:16; Romains 11:29).
Il suscite la conviction chez le non-croyant (1 Corinthiens 14:24-25; Jean 8:9; 16:8; Actes 2:37; 9:5).
C'est Lui qui est l'instrument de la nouvelle naissance (Jean 3:5-8; Romains 8:14-16; Tite 3:5).
Il nous donne l'assurance que nous sommes devenus enfants de Dieu (Romains 8:14-16; Galates 4:6).
Il rend témoignage du Seigneur Jésus (Jean 15:26).
Il nous délivre de la puissance du péché et de la mort (Romains 8:2).
Il nous enseigne et nous conduit (1 Jean 2:20, 27; Romains 8:14).
C'est Lui qui nous a donné les Ecritures (2 Pierre 1:20-21; 2 Timothée 3:16; Apocalypse 2:7, 11, 29; Apocalypse 3:6, 13, 22).
Il triomphe du pouvoir de la chair en nous (Galates 5:15-17).
Il désire vivre en nous (1 Corinthiens 3:16; 6:19; Romains 8:9).
Il nous baptise de sa puissance (Matthieu 3:11; Actes 1:4-5; 11:15-18).
Il donne clarté aux Ecritures (1 Corinthiens 2:9-14; Ephésiens 1:17; Jean 16:14-15).
Il nous révèle les choses encore à venir (Jean 16:13).
Il nous aide et nous console (Jean 14:26).
Il nous rappelle les enseignements de Christ (Jean 14:26).
Il fortifie le corps mortel qui est le nôtre (Romains 8:11).
Il fortifie aussi notre être intérieur (Ephésiens 3:16; Actes 4:29-31).
Il nous offre satisfaction (Luc 11:13; Jean 7:37-39).
Il témoigne de Christ (Jean 15:26).
Il produit de bons fruits (Galates 5:22-23).
Il nous aide dans la prière et l'adoration (Jude 20; Ephésiens 5:18-20; 6:18; 1 Corinthiens 14:15).
Il nous conduit dans son œuvre (Actes 8:29; 13:2-4; 16:6-7).

Il nous donne force et puissance dans notre témoignage (Luc 4:18; Actes 1:8; 10:38; 1 Corinthiens 2:1-5; 1 Thessaloniciens 1:5).

L'homme

Dieu a créé Adam à sa propre image et à sa ressemblance (1 Corinthiens 11:7; Jacques 3:9.)

Nous étions semblables à Lui dans la justice et la vérité (Ephésiens 4:21-24).

Nous le connaissions (Colossiens 3:10).

Les enfants de Dieu sont renouvelés alors qu'ils cherchent à Lui ressembler (Psaume 17:15; 2 Pierre 1:4; Philippiens 1:19).

L'homme visible a été tiré de la poussière tandis que l'homme intérieur a été créé par le souffle de Dieu (Genèse 2:7).

Il a été créé à Son image (Genèse 1:26).

Il existe l'être physique et l'être (ou homme) intérieur (2 Corinthiens 4:16), comme le pot de terre dans lequel a été déposé quelque chose de précieux (2 Corinthiens 4:7).

Ce qui est terrestre retournera à la terre tandis que l'esprit retournera auprès de Dieu (Ecclésiaste 12:7; Luc 23:46).

L'homme peut tuer le corps mais pas l'âme (Matthieu 10:28).

La chute de l'homme

Dieu créa la femme afin qu'elle soit une aide pour l'homme (Matthieu 19:4; 1 Corinthiens 11:9).

Le serpent (c'est-à-dire le diable) trompa Eve (Genèse 3:1-6).

Adam n'avait pas été trompé mais il suivit sa femme (1 Timothée 2:14; 1 Corinthiens 11:3-15).

Voilà de quelle manière la mort affecta tous les hommes (Romains 3:19; 5:12-19; Esaïe 53:6; Galates 3:10).

Eve fut tentée, comme chacun d'entre nous, par ce que la Bible appelle «la convoitise de la chair, la convoitise des yeux et l'orgueil de la vie» (Genèse 3:6; 1 Jean 2:15-17).

Christ a été tenté comme nous le sommes mais Il n'a pas péché (Matthieu 4:5-6, 8; Hébreux 4:15).

C'est ainsi que tout homme est tombé (Psaume 14:1-4; Galates 3:10; Ephésiens 2:3).

L'homme suit maintenant Satan (1 Jean 5:19; Romains 3:9-20; Jean 8:44).

La sagesse des hommes a été plongée dans les ténèbres (Romains 1:21-24; 1 Corinthiens 2:14; Ephésiens 4:18; Tite 1:15), ainsi que leur cœur (Marc 7:21) et leur conscience (Tite 1:5; Romains 7:18).

Le corps et l'esprit sont tous deux souillés (2 Corinthiens 7:1).

Désormais, les hommes ne veulent rien savoir de Dieu (Jean 5:42; Romains 3:11).

L'homme ne peut se libérer lui-même (Romains 1:28-32; 7:18-23).

Le monde entier est par conséquent tombé et il est devenu coupable (Romains 5:12; 3:19).

Les trois aspects de l'homme

L'homme est esprit, âme et corps (1 Thessaloniciens 5:23; Hébreux 4:12; 2 Corinthiens 7:1).

L'esprit quitte le corps au moment de la mort (Jacques 2:26; Luc 23:46).

Le corps de Christ fut enseveli mais son âme descendit au séjour des morts (Actes 2:31).

Lorsque l'âme du croyant quitte son corps, elle s'en va auprès du Seigneur (2 Corinthiens 5:6-8; Philippiens 1:23).
Notre corps est la demeure de Dieu (1 Corinthiens 6:19; 2 Corinthiens 6:18; Ephésiens 2:22).
Les démons sont habitués à demeurer dans le corps des hommes (Luc 11:24).
Notre corps peut nous inciter à pécher (Galates 5:19-21). Nous devons par conséquent le garder dans la soumission à l'Esprit (Galates 5:17; Romains 8:13; Colossiens 3:5; 1 Corinthiens 9:27; 2:14). Il sera transformé lors du retour de Christ (1 Corinthiens 15:35-55).
L'âme et le corps du non-croyant seront jetés dans l'étang de feu (Matthieu 10:28). Ils seront revêtus d'un corps éternel adapté à la Géhenne (Romains 9:22).
Aimons le Seigneur de tout notre être (Marc 12:20).

Le péché

Le premier homme possédait une grande sagesse et un grand pouvoir (Psaume 8; 1 Corinthiens 15:45; Colossiens 3:10).
Il était juste et saint (Ephésiens 4:22-24).
Dieu avait écrit ses lois dans son cœur (Romains 2:15; Psaume 37:31; Psaume 40:8).
Pécher, c'est enfreindre la loi de Dieu (Galates 2:18; 1 Jean 3:4; Luc 15:18; Psaume 51:4).
Tous sont pécheurs devant Dieu (Romains 3:19; Galates 3:10, 22; Romains 3:10, 23; 1 Jean 1:8; Romains 5:12; Jean 3:18).
Nous suivions notre propre volonté au lieu de celle de Dieu (Esaïe 53:6; 2 Pierre 2:14; Romains 2:5).
Le péché est trompeur (Romains 7:11; Tite 3:3; 2 Timothée 3:13; Hébreux 3:13).
Eve mit en doute, dans son cœur, ce que Dieu lui avait dit, et elle accepta ce que lui suggérait Satan (1 Timothée 2:14).
Le péché est ce qui touche à la fausseté du cœur, à son injustice (2 Corinthiens 6:14; 1 Jean 5:17).
Il entraîne à la culpabilité que l'on subit (Jean 9:41; Romains 5:8).
Le péché, c'est l'incrédulité (Romains 14:23).
C'est la désobéissance envers Dieu (Romains 3:17-20).
Le péché règne dans nos pensées (Proverbes 24:9), dans nos paroles (Proverbes 10:19), dans le mépris des autres (Proverbes 14:21). On pèche en commettant le mal (1 Jean 5:16), et aussi en négligeant de faire ce qui est juste et bon (Jacques 4:17).
Nous faisons le mal dès notre naissance, ce qui devient une habitude (Romains 5:12; Psaume 51:3).
Evitons de pécher (1 Pierre 2:11).
Nous n'avons pas la moindre excuse (Romains 1:20; Jean 15:22; Romains 2:1; 3:19).
Le péché est contagieux (2 Jean 11; 1 Timothée 5:22; Psaume 50:18).

Quelles sont les conséquences du péché?

Tous ceux qui ne croient pas en Christ sont déjà condamnés (Jean 3:18; Galates 3:22).
Le péché sépare les hommes de Dieu (Psaume 3:4; Luc 15:18-19).
Il mérite la mort (Romains 1:32; 6:23; 1 Corinthiens 15:22; Hébreux 10:27; 1 Jean 5:12).
Il attire la colère de Dieu (Ephésiens 5:6; Jean 3:36; Romains 1:18).
Il sera condamné lors du jugement (Marc 16:16; Hébreux 9:27).

Il finira dans un feu éternel, une souffrance éternelle (Matthieu 25:46; 2 Thessaloniciens 1:8-9; Apocalypse 20:15; 21:8).

Il aboutira à la destruction de l'âme et du corps dans la Géhenne (Matthieu 10:28).

Il détruit tout espoir (Ephésiens 2:12), en dehors de la grâce.

Le péché est une condition du coeur de tout homme (Matthieu 15:18; Marc 7:21; Romains 1:28-32; Ephésiens 2:2-3; Tite 1:15).

Il crée l'impiété, le manque de puissance et la haine de Dieu (Romains 5:6-10).

Les hommes sont incapables de plaire à Dieu (Romains 8:8).

Quelles sont les conséquences de la chute d'Adam?

L'homme avait d'abord été créé à l'image de Dieu (1 Corinthiens 11:7; Jacques 3:9), c'est-à-dire dans sa justice et sa sainteté (Ephésiens 4:21-24), et dans sa sagesse aussi (Colossiens 3:10).

Tous sont tombés en Adam (Romains 3:10-23; 5:12-19; Psaume 14).

Tous sont tentés de la même manière (1 Jean 2:15-17; Genèse 3:1-6). Le Seigneur fut tenté, Lui aussi (Luc 4:3-12).

La terre fut maudite; les enfants viennent au monde dans de grandes souffrances, et le travail est devenu une corvée (Genèse 3:16-19).

La mort est entrée dans le monde (Romains 6:23).

Le pécheur attire la souffrance sur lui-même (Galates 6:7-8; Psaume 38:4; 140:11; 1 Timothée 6:9-10).

Tous sont coupables devant Dieu (Romains 3:19; Jacques 2:10).

La sagesse de l'homme est obscurcie (Romains 1:21-32; 1 Corinthiens 2:14; 2 Corinthiens 4:4).

Son cœur est souillé (Tite 1:15; 2 Corinthiens 7:1).

Son âme est morte maintenant (Ephésiens 2:1; 1 Timothée 5:6).

Son corps mourra à son tour (Hébreux 9:27).

La conduite de l'homme est mauvaise (Romains 3:9, 17, 20; 1 Corinthiens 2:14; Romains 6:17; 7:5).

Le monde entier est sous l'emprise du Malin (1 Jean 5:19).

L'homme naturel ne peut plaire à Dieu (Romains 7:24; 8:7).

La colère de Dieu demeure sur tous ceux qui ne sont pas en Christ (Jean 3:36; 8:21, 24; Romains 2:5-6 et 9; Apocalypse 21:8).

Ces hommes sont sous la malédiction de la Loi (Galates 3:10).

Ils souffriront dans leur âme et leur corps lors de la seconde mort, dans l'étang de feu (Apocalypse 21:8; Matthieu 10:28; Jean 5:22-29; 2 Thessaloniciens 1:9; Marc 9:42-48).

Nous naissons et croissons dans le péché (Psaume 51:5-7).

Nous sommes séparés de Dieu (Esaïe 59:2; Psaume 66:18).

Nous infectons les autres (2 Corinthiens 6:14-18).

Nous poursuivons dans une méchanceté continue (Apocalypse 22:11).

La souffrance n'aura pas de fin non plus (Apocalypse 14:10-11).

Les pécheurs ne pourront se rendre là où est Christ (Jean 8:21; Hébreux 9:27; Psaume 49:8; Proverbes 10:28; 11:7; 29:1; Ecclésiaste 11:3; Esaïe 33:14).

La misère de l'homme qui n'est pas sauvé

Il ne peut augmenter la durée de sa vie ou changer la couleur de ses cheveux (Matthieu 5:36; 6:27).

Il ne peut faire le moindre bien (Jean 15:5; Romains 5:6; 7:18).
Il ne peut recevoir ce qui est bon non plus (2 Corinthiens 3:5; 4:4; Ephésiens 4:18-19).
Il ne peut penser correctement (2 Corinthiens 3:5; 4:4; Ephésiens 4:18-19).
Tout ce qu'il fait est vanité (Psaume 127:1).
Il ne peut venir à Christ qu'au moment où Dieu l'attire à Lui (Jean 6:37, 44-46).
Tout ce qui est bon vient de Dieu et non de l'homme (Jacques 1:17).
Nul homme ne peut comprendre ou entrer dans le Royaume de Dieu sans être né de nouveau (Jean 3:3-8).
Satan a aveuglé l'intelligence des hommes quant à la vraie sagesse (2 Corinthiens 4:4).
Les choses de Dieu sont une folie pour l'âme de celui qui n'est pas sauvé (1 Corinthiens 1:18-24; 2:8-9).
L'esprit charnel est l'ennemi de Dieu, incapable de L'aimer (Romains 8:7).
L'Evangile ne peut être reçu par la sagesse humaine; c'est un don de Dieu (Galates 1:11-16; Psaume 68:11).
Il reste un mystère pour celui qui n'est pas sauvé, et il n'est révélé que par l'Esprit de Dieu (Matthieu 11:27; 16:17).
Tout ce que nous recevons est dû à la grâce de Dieu (1 Corinthiens 4:7; Jacques 1:17).
C'est Lui qui envoie le messager (Romains 10:15; Psaume 68:11).
C'est encore Dieu qui ouvre le cœur de l'homme à l'écoute de l'Evangile (Actes 16:14).
La foi est le don de Dieu (Actes 14:27; Ephésiens 2:8; Philippiens 2:29; Hébreux 12:2).
Il nous a engendrés selon sa volonté (Jacques 1:18).
Dieu nous a choisis (Jean 17:26; Jean 17:9, 11-12).
Nous sommes le don de Dieu à son Fils (Jean 17:24 ainsi que les versets 9, 11, 12, et 24).
Notre responsabilité est de prier, de chercher et de frapper à la porte (Matthieu 7:7-8).
L'eau de la vie et pour quiconque la désire (Apocalypse 22:17; Matthieu 22:9; Esaïe 55:1).
A nous la responsabilité de recevoir ou de rejeter sa grâce (Jean 5:40; 16:8-9).

Ce corps qui est le nôtre

Notre corps est le temple de Dieu (1 Corinthiens 3:16-17; 1 Corinthiens 6:13-19).
Si quelqu'un détruit ce temple, Dieu le détruira (1 Corinthiens 3:16-17).
Il est bon de garder le temple de Dieu dans de bonnes conditions, avec de l'eau pure et la nourriture qui convient (Hébreux 10:22).
La bénédiction de l'âme est d'un grand avantage pour le corps (3 Jean 1-2; Esaïe 40:31).
Satan désire notre corps (Jude 9).
Lorsque le Saint-Esprit demeure en nous, Il renouvelle notre corps mortel (Romains 8:11).
Dieu protège notre corps (Job 1:10).
Purifions notre corps et notre esprit (2 Corinthiens 7:1).
La maladie n'est pas toujours due à la présence du péché dans la vie de celui qui souffre (Jean 9:2-3; Jacques 5:15).

Certains tombent malades à cause du poids et de la fatigue dus à leur travail pour Dieu (Philippiens 2:26-30).

De nombreux croyants deviennent cependant malades à la suite de fautes qui sont la cause de leur faiblesse et de leurs souffrances (1 Corinthiens 5:5; 11:29-30).

Notre corps, comme notre âme, est racheté par le sang de Christ (1 Corinthiens 6:20; Matthieu 8:17; Job 33:24).

Nous ne pouvons sauver les hommes après la mort; nous ne pouvons les attirer que durant leur vie (Philippiens 1:23-24; Luc 16:27-31).

Il est faux de rejeter l'aide d'un docteur (Matthieu 9:12; Colossiens 4:14; Luc 10:34-37).

Le malade devrait toutefois appeler les anciens de l'église qui l'oindront d'huile au Nom du Seigneur et prieront pour lui. Il sera aussi encouragé à confesser ses péchés (Jacques 5:13-16).

Que les croyants apprennent à imposer les mains aux malades au Nom du Seigneur afin d'obtenir leur guérison (Marc 16:18; 1 Corinthiens 12:9).

Christ a porté nos péchés et nos maladies à la croix du Calvaire (Matthieu 8:17; 1 Pierre 2:24; Esaïe 53:4-5; Psaume 103:3).

Nous devons présenter notre corps à Dieu (Matthieu 4:23-24; Romains 12:1-2).

Lorsque notre Seigneur reviendra, nous recevrons un corps glorifié (Philippiens 3:21; 1 Thessaloniciens 4:13-18; 1 Corinthiens 15:42-55) qui sera ressuscité d'entre les morts (Jean 5:29).

Choisissons-nous Dieu ou est-ce Dieu qui nous choisit?

Dieu veut que tous les hommes soient sauvés (1 Timothée 2:4; Ezéchiel 18:23; Tite 2:11; 2 Pierre 3:9).

Il a envoyé Christ qui est mort pour tous (1 Timothée 2:6; 1 Jean 2:2; Jean 1:29; 4:42; 1 Jean 4:14).

Jésus éclaire tous ceux qui viennent dans ce monde (Jean 1:9; Colossiens 1:6, 23; Psaume 19:3; Esaïe 12:5; Romains 10:18; 2 Timothée 4:17).

Les hommes le rejettent cependant (Jean 1:11; Matthieu 23:37; Jean 3:19).

Les élus (choisis) sont peu nombreux puisque tant d'hommes rejettent Dieu (Matthieu 22:2-14).

Quiconque le désire peut être sauvé (Matthieu 7:7-8; Apocalypse 22:17).

Celui qui cherche la volonté de Dieu peut la connaître (Jean 7:17).

Si certains ignorent la volonté divine, c'est parce qu'ils l'ont rejetée (Romains 1:18-21).

Celui qui se repent peut cependant être sauvé – il a changé d'idée. (Actes 3:19; 26:20).

Dieu nous a choisis, Lui, le premier (Jean 15:16; 2 Thessaloniciens 2:13).

Certains répondent, l'acceptent (Actes 16:30-34; d'autres le refusent (Jean 16:8-9).

Ces gens n'ont alors aucune excuse (Romains 1:20-21; 3:19).

« Si c'est la volonté de Dieu ... »

On a ceux qui disent: «si c'est la volonté de Dieu, je croirai et serai sauvé.» Ils accusent Dieu de partialité. Mais non, Il est juste! (Romains 2:2; Apocalypse 15:3; Romains 3:4; 1:17).

Il n'a pas de favoris (Job 34:18-19; Matthieu 5:45; Actes 10:34-35; Romains 10:12).

Il ne veut pas la mort de quiconque (2 Pierre 3:9).

Il veut que tous les hommes se repentent et soient sauvés (1 Timothée 2:4).
Il s'est offert Lui-même en rançon pour tous (1 Timothée 2:6).
Tous ceux qui croient en Lui reçoivent la vie éternelle (Jean 3:16, 18, 36).
Il a envoyé ses messagers vers tous les hommes (Marc 16:15).
Les hommes refusent toutefois son salut et ils méprisent sa miséricorde (Jean 5:40).
Ils détestent la lumière et préfèrent les ténèbres car leurs œuvres sont mauvaises (Jean 3:19).
Leur méchanceté leur barre la route (1 Corinthiens 6:9-10; Apocalypse 21:8).
Dieu attire tous les hommes au travers de:
1. leur conscience (Romains 2:15),
2. leur rédemption (Jean 1:29),
3. ses messagers (Romains 1:14-18),
4. Sa Parole (2 Timothée 2:15; Jean 5:39; Actes 17:11-12),
5. Son Esprit (Jean 16:7-14).

CES TROIS TEMOINS APPELLENT TOUS LES HOMMES A ETRE SAUVES. Comment peuvent-ils donc blâmer Dieu en disant: «si c'est sa volonté, nous serons sauvés?» Ne l'insultez pas mais repentez-vous et recevez son salut (Actes 17:30).

La repentance

L'Evangile vient avec la repentance (Marc 1:1-4).
Jean-Baptiste et notre Seigneur Lui-même commencèrent leur témoignage par un appel à la repentance (Matthieu 3:2; 4:17).
Les disciples de Christ reçurent l'ordre de prêcher la repentance (Matthieu 6:12; Luc 24:47).
Les apôtres se mirent à prêcher la repentance (Actes 2:38; 20:21).
Ceux qui refusent de se repentir seront détruits (Luc 10:13-14; 13:3).
Dieu dit à tous les hommes, en tous lieux, qu'ils doivent se repentir; c'est un ordre (Actes 17:30; 2 Pierre 3:9).

Qu'est-ce que la repentance?

C'est un revirement d'attitude (Psaume 38:18; Matthieu 21:29; Luc 15:18-20).
C'est aussi le chagrin éprouvé face à son péché (Joël 2:12-13; Luc 18:13; 2 Corinthiens 7:7-11).
On confesse alors son péché à Dieu (Psaume 51:3-4; Luc 18:13; Jacques 5:16).
On confesse ses fautes à ceux envers lesquels on a péché (Matthieu 5:23-25; Luc 15:18).
On abandonne la mauvaise voie (Ezéchiel 18:20; Actes 18:22; Apocalypse 2:22; 9:20-21; 2 Corinthiens 12:21).
Celui qui a poursuivi le mal l'abandonne dès l'instant où il se confie en Christ et en son Evangile (Actes 2:38; 3:19; Marc 11:15).

Qu'est-ce qui conduit à la repentance?

L'enseignement de la Parole de Dieu (Jonas 3:5-7; Matthieu 12:41; Marc 2:17; Actes 2:37-41).
Une réalisation de la miséricorde de Dieu (Romains 2:4; 2 Pierre 3:9), les signes et les miracles dont on est témoin (Matthieu 11:21), une réprimande (Luc 17:3; 2 Timothée 2:25), un chagrin profond (2 Corinthiens 7:8-11) ou la souffrance (Hébreux 12:6-11).
La repentance est un don de Dieu (Actes 5:30-31; 11:18; 2 Timothée 2:25).

Ne refusez pas de vous repentir car vous courez le risque de périr (Matthieu 21:32; Luc 13:3-5).

Que produit la repentance?

Elle produit de bonnes œuvres (Matthieu 3:8; Actes 26:20; Apocalypse 3:5) et la rémission des péchés (Esaïe 55:7; Luc 24:47; Actes 5:31; 3:19). Elle offre la vie éternelle (Job 42:5-6; Actes 11:19), une connaissance de la vérité (2 Timothée 2:25), et elle permet d'échapper à la colère de Dieu (Luc 16:30; Romains 2:4-5). Elle est suivie du don du Saint-Esprit (Actes 2:38) et conduit à l'adoration de Dieu (Apocalypse 16:9). Elle produit une grande joie dans le ciel (Luc 15:7, 10) et devrait être suivie du baptême d'eau.

La repentance et la foi vont de pair

Elles conduisent l'une et l'autre au pardon des péchés (Actes 5:31; 10:43).

Elles nous sauvent de la colère à venir (Romains 2:2-5).

Elles nous permettent de recevoir la vie éternelle (Actes 11:18; Jean 5:24).

Elles conduisent à la délivrance (2 Corinthiens 7:10).

LES ANGES: DES MESSAGERS

Les anges existent (Marc 13:32; Matthieu 4:11; 13:41; 18:10; 25:31.)

Le Seigneur Jésus les a créés (Colossiens 1:16).

Ce ne sont pas des saints qui sont morts (Hébreux 12:22-23).

Ils sont au service de Dieu (Matthieu 13:39, 49; 25:31).

Ils sont esprit (Hébreux 1:14; Psaume 104:4).

Il arrive que les hommes puissent les voir (Genèse 32:1-2; Jean 20:12; Luc 2:9-13).

Ils apparaissent parfois à certains hommes (Luc 1:26; Jean 20:12; 2 Rois 6:16-17).

On peut les comparer aux chars de Dieu (Psaume 68:18).

Ils possèdent un pouvoir immense (2 Thessaloniciens 1:7; 2 Pierre 2:11; Esaïe 37:36).

Leur force leur vient de Dieu (2 Thessaloniciens 1:7; Psaume 103:20). L'un d'eux frappa de mort 185 000 hommes, selon Esaïe 37:36.

Ils ne se marient pas (Matthieu 22:30).

Ils ne meurent pas (Luc 20:35-36).

Ils sont d'une grande sagesse (Marc 13:22; 1 Pierre 1:12).

Ils veillent sur nous (1 Corinthiens 4:9; 11:10; 1 Timothée 5:21).

Ils se réjouissent lorsque les pécheurs sont sauvés (Luc 15:10).

Certains brillent par leur puissance (Jude 9; 1 Thessaloniciens 4:16; 1 Pierre 3:22).

Le rôle de certains est de protéger les hommes (Psaume 91:11-12; Daniel 6:22; Matthieu 18:10). Ils protègent les enfants.

Certains ont la garde de divers pays ou nations (Daniel 10:13; Hébreux 1:14; Exode 14:19; Luc 13:27).

Ils prennent soin des croyants (Luc 22:43; Actes 27:23; Genèse 19; Marc 1:13).

Leur demeure est au ciel (Matthieu 22:30; Ephésiens 3:10; Luc 2:13-15).

Ils ont aujourd'hui une plus grande importance que les hommes (Hébreux 2:7; Psaume 8:5).

On ne peut les compter (Hébreux 12:22; 2 Rois 6:17; Matthieu 26:53; Apocalypse 5:11).

Ils mangent (Psaume 78:25).

Ils sont hautement honorés (Luc 9:26; Matthieu 28:2-3; Apocalypse 10:1; Daniel 10:5-6).
Il est faux de les adorer (Colossiens 2:18; Apocalypse 22:8-9; Apocalypse 19:10).
Ils adorent le Seigneur Jésus (Hébreux 1:6; Apocalypse 5:11-12).
Ce sont les messagers de Dieu (Luc 1:26; 2:9; Actes 12:7; Matthieu 18:10; Apocalypse 1:1).
Ils dirigent Ses enfants (Actes 8:26; 10:3; Matthieu 2:13-19).
Ils sont les instruments de la colère de Dieu (Matthieu 25:31-32; 13:39-42; 2 Thessaloniciens 1:7-8).
Certains se sont rebellés (Jude 6; 2 Pierre 2:4), et Satan aussi (Ezéchiel 28:12-19).
Ils sont maintenant emprisonnés (2 Pierre 2:4; 1 Corinthiens 6:3).
Les chrétiens les jugeront (1 Corinthiens 6:3).
Le désir des démons est de demeurer dans la vie des hommes (Marc 5:2-16; Luc 11:14-26).
Les chrétiens peuvent les chasser au Nom du Seigneur (Marc 16:17).
Les non croyants sont incapables de le faire (Actes 19:13-17).

Satan, le diable, ce Serpent ancien

A l'origine, il n'y avait que Dieu le Père, Dieu le Fils, et Dieu le Saint-Esprit (Jean 1:1-2; Genèse 1:1).
Dieu créa Satan (Colossiens 1:16).
Tout ce que Dieu créa était bon (Genèse 1:13; Ezéchiel 28:11-19).
Satan était supérieur à tous les anges (Jude 8-9; Ephésiens 2:2).
Envahi par l'orgueil, il se rebella (Ezéchiel 28:12-19).
Dieu créa le monde avec perfection, à l'origine (Esaïe 45:18).
A cause de la rébellion de Satan, Dieu dut le détruire (Esaïe 14:16-17; Jérémie 4:23-26).
La chute de Satan est due à son arrogance (1 Timothée 3:6; 1 Jean 3:8; Jean 8:44).
Satan voulait être Dieu (Esaïe 14:14).
Les démons aussi désirent l'adoration des hommes (Deutéronome 32:17; Psaume 106:37; 1 Corinthiens 10:20).
Nos premiers ancêtres se soumirent à Satan (Genèse 3:1-6).
Aujourd'hui, le monde entier est au pouvoir du Malin (1 Jean 5:19; Jean 14:30; 2 Corinthiens 4:4; Ephésiens 2:2; Jean 12:31; Ephésiens 6:12; Apocalypse 2:13).
Nous ne devons pas parler de Satan irrespectueusement (Jude 9).
Le diable voulait que Jésus Lui-même s'incline devant lui pour l'adorer (Luc 4:5-8).
Jésus triompha de lui avec l'épée de la Parole de Dieu (Matthieu 4:4, 7, 10; Ephésiens 6:17).
Il triompha de lui au Calvaire (Colossiens 2:15; Jean 12:31; 16:9-11; 1 Jean 3:8).
Il en est un autre qui viendra, revêtu de l'autorité de Satan (1 Jean 4:3; 2 Thessaloniciens 2:8-10; Jean 5:43; Apocalypse 13:2).
Satan éprouve de la haine envers les enfants de Dieu (1 Chroniques 21:1; Luc 22:31; 1 Rois 22:19-23).
Il leur résiste (Zacharie 3:1-2).
Il les accuse devant Dieu (Job 1:9; 2:4-5; Apocalypse 12:10-11).
Il s'oppose à nous, enfants de Dieu (Ephésiens 6:10-12).

Il ne peut nous faire du mal que si Dieu le permet (Job 1:9-13; Marc 5:12-13).
Il apporte la maladie et la mort (Actes 10:38; Luc 13:16; Hébreux 2:14; Job 2:7).
Il crée la confusion dans les pensées des hommes (Matthieu 16:21-23; Luc 22:3, 53; Jean 8:38-47; Jean 13:2, 27; Actes 5:3; Ephésiens 2:2; 1 Jean 3:10; Apocalypse 20:10).
Il aveugle leur intelligence (2 Corinthiens 4:4).
Il dupe les habitants de la terre mais ne peut nous tromper nous, enfants de Dieu (Matthieu 24:24; 1 Jean 5:4-5; Apocalypse 20:10).
Il ne possède ni une force, ni un pouvoir total (Job 1:10-12; 2:6; Matthieu 8:30, 32; Luc 22:31-32; Hébreux 2:8; 1 Jean 4:4).
Il ne veut pas adorer Dieu dans la vérité mais il désire introduire une autre forme de culte (2 Corinthiens 4:4; voir aussi Esaïe 25:7; 2 Corinthiens 11:14-15; Apocalypse 2:9, 24; Apocalypse 3:9; 1 Timothée 4:1; 2 Thessaloniciens 2:3-4; Daniel 9:27; Matthieu 24:15; Apocalypse 13:4-8).
Il déteste l'Evangile (de la mort et de la résurrection de Christ, 1 Corinthiens 15:1-4). (Matthieu 13:19, 38-39; Actes 13:10; 2 Corinthiens 2:11; 1 Thessaloniciens 2:18).
Ceux qui n'ont pas été sauvés sont ses enfants (Jean 8:44; 1 Jean 3:8).
Ils l'abandonnent toutefois lorsqu'ils se tournent vers le Seigneur Jésus (Actes 26:18; Colossiens 1:13).
Des démons et des anges étaient avec Satan dans sa rébellion (Matthieu 12:22-28; Matthieu 9:34; 25:41; Apocalypse 12:4-9, où les étoiles représentent les anges. Comparez ce passage avec Apocalypse 1:20).
Certains d'entre eux sont déjà liés (2 Pierre 2:4; Jude 6; Apocalypse 9:1-11).
Ils seront jetés dans l'étang de feu (Matthieu 8:29; 25:41; 2 Thessaloniciens 1:8-9; Apocalypse 20:10).
Résistons à Satan (1 Pierre 5:8-9; Jacques 4:7; Ephésiens 6:10-20).
Faisons-le dans la force que Dieu nous donne (1 Jean 4:4; Apocalypse 12:11).

L'ANTICHRIST

Les antichrists sont nombreux mais il en viendra un autre, plus exceptionnel encore (1 Jean 2:18).
Lorsque des hommes déclarent qu'ils sont le Christ, nous savons que nous sommes entrés dans les derniers jours (Matthieu 23:24; 24:5).
Il est faux de se nommer «Christ» ou «Dieu» (Actes 12:20-23; 14:11-15).
Ceux qui rejettent Christ, venu au Nom du Père, accueilleront celui qui viendra en son propre nom (Jean 5:43; 2 Thessaloniciens 2:8-11).
C'est ce qui permettra à «la Bête» de régner (Apocalypse 19:20; 20:10).
Quiconque refuse de reconnaître le Seigneur Jésus est antichrist (2 Jean 7).
La venue de l'Antichrist et les événements suivants nous sont décrits dans 2 Thessaloniciens 2:3-11.

LA FOI
Qu'est-ce que la foi?

C'est une assurance dépourvue du moindre doute (Hébreux 11:1; 2 Timothée 1:12; Actes 10:20; Jacques 1:5-7).
C'est une confiance absolue en ce que Dieu a dit, puisque nous savons que c'est vrai (Hébreux 11:7, 11, 17, 19, 22, 30; Matthieu 9:28; 1 Jean 5:10; Romains 4:3; 10:17; Jean 20:31).
Nous recevons ce qui nous est offert (Jean 1:12-13).

Nous sommes certains d'avoir reçu ce qui nous avait été promis (Actes 27:25).
La foi ne se retire jamais (Hébreux 10:38-39; Romains 4:19-21; Marc 11:24; Hébreux 11:11; Tite 1:2).
Elle sait que Dieu ne ment jamais (Jean 3:33; Romains 4:4; Jean 5:24; Actes 27:22-24).
La foi est suivie d'une confession (Romains 10:9).
Il existe une foi qui ne conduit pas au salut (Jacques 2:19).
La foi qui sauve vient du cœur (Psaume 78:8; 118:8-9).
La foi obéit (Romains 15:18; 16:26; Actes 6:7; Galates 5:6; Hébreux 11:8).
Elle accueille Jésus comme Seigneur de chacun des aspects de notre vie (Jean 1:12).
Elle invoque son Nom (Romains 10:13).
Celui qui se montre hésitant et dont le cœur est divisé n'a pas la foi (Jacques 1:5-7; Actes 10:20).
Nous savons que Dieu ne ment pas (1 Thessaloniciens 2:13; Numbres 23:19; Tite 1:2; Hébreux 6:18).
Oh, que la foi est grande! (Romains 14:23; Hébreux 11:6).

D'où vient la foi? Elle vient de Dieu

Elle est le don de Dieu (Jean 6:65; Romains 12:3; 1 Corinthiens 12:4, 8-9).
Elle se manifeste lorsqu'on écoute la Parole de Dieu (Actes 4:4; Romains 10:17; 2 Pierre 1:4; Jean 20:31).
Christ est la source de la foi; Il la mène à la perfection (Hébreux 12:2).
La foi est un fruit du Saint-Esprit (1 Corinthiens 12:9; Galates 5:22).
C'est le don de Dieu (Ephésiens 2:8; Romains 12:3; Galates 5:22).

La part de l'homme

La foi est reçue lorsque l'Evangile est prêché (Actes 16:31-32; Ephésiens 1:13).
On doit faire pleine confiance à ce que Dieu dit (Romains 4:19-24; Hébreux 10:23).
La foi vient en méditant et en contemplant la miséricorde du Seigneur (Galates 5:6).
Elle est reçue dans la prière (Luc 11:9, 11, 13; Luc 22:32).

Les obstacles à la foi

Il faut éviter de chercher la louange des hommes (Jean 5:44), le désir de voir des signes (Jean 4:48; 6:30).
Ne fixons pas les yeux sur les obstacles mais plutôt sur Christ (Matthieu 14:30-31).
Soyons vigilants dans la prière (Matthieu 17:19-21).
Ne refusons pas d'obéir à Dieu (Jean 8:45-47).

Que produit la foi?

La foi nous apporte:
Le salut (Ephésiens 2:8; Actes 10:43), le pardon des péchés (Luc 7:48-50).
La justification (Romains 5:1; Galates 2:16). La vie éternelle (Galates 2:20; 3:11; Jean 20:31; 6:47). La repentance envers notre Seigneur (Actes 11:19-21).
La position de fils (Jean 1:12; Galates 3:26). La purification du cœur (Jean 15:3; Actes 15:9).
La communion entre croyants (Actes 26:18), et la participation à la nature divine (2 Pierre 1:4).
La sainteté (Actes 26:18), Christ dans nos cœurs (Ephésiens 3:17), la victoire (1 Jean 5:4; Ephésiens 6:16; 1 Pierre 1:5). La guérison de notre corps (Matthieu 9:22, 29; Jacques 5:14-15) et la participation à la force divine (Ephésiens 1:19; 1 Pierre 1:5).

Nous avons accès auprès de Dieu (Romains 5:2; Ephésiens 3:12). Nous recevons nos bénédictions (Hébreux 4:1-3). Nous avons une position (2 Corinthiens 1:24), de la satisfaction (Jean 6:35; 7:37), de la joie (1 Pierre 1:8; Romains 15:13). Nous recevons le Saint-Esprit (Jean 7:38-39; Galates 3:2, 14; Ephésiens 1:13), et la paix (Jean 14:1; Esaïe 26:3), des signes, des miracles (Matthieu 21:21; Jean 14:12), la sagesse et toutes choses encore (Matthieu 21:22; Jacques 1:5, 7). Les promesses de Dieu s'accomplissent (Luc 1:45; Hébreux 6:12), et la Parole de Dieu œuvre parfaitement (1 Thessaloniciens 2:13).

Par la foi, nous recevons tout ce que Dieu a ordonné (Luc 1:45). Les gens qui souffrent sont amenés à Christ (Marc 2:3-5). Nous recevons ce que nous désirons (Marc 9:23; Matthieu 21:22). Par la foi, nous voyons la gloire de Dieu (Jean 11:40), nous pouvons prier sans orgueil (Matthieu 15:22-28), accomplir de bonnes œuvres (Jacques 2:14-22; Tite 3:8), adorer (Jean 9:38) et témoigner (Jean 6:69). La foi conduit enfin à la confession des péchés (Actes 19:18-19).

Que devons-nous croire pour être sauvés?

L'Evangile de la mort et de la résurrection de Christ (1 Corinthiens 15:1-4; Romains 1:4-16; Romains 4:25).

Nous devons croire que Christ est le Fils de Dieu (Jean 8:24; 20:31; Actes 8:37).

Croire ce que Dieu a déclaré (Luc 7:48, 50; 1 Jean 5:10-12).

L'incrédulité et le doute sont coupables – Jean 16:8-9; Romains 14:23; Apocalypse 21:8

Ils nous privent de la bénédiction (Matthieu 13:58; Romains 11:20) et sont responsables de notre mort et de la colère de Dieu (Romains 2:55-9; Jean 3:36).

Nous ne pouvons entrer dans le repos (Hébreux 3:18-19; Hébreux 4:6, 11).

Certains brûleront dans un feu éternel (Marc 16:16; 2 Thessaloniciens 1:8-9; Jean 3:18; Apocalypse 21:8; 14:10-11; 20:15; Matthieu 25:41, 46).

Ceux qui refusent de croire périront dans leur péché (Jean 8:21-24).

Ils ressusciteront, mais pour le jugement (Jean 5:29).

Mes amis, efforçons-nous de les arracher à ce feu! (Jude 23).

Ceux qui meurent dans le péché ne pourront jamais venir au Seigneur Jésus (Jean 8:24).

La mort marque la fin de toute possibilité d'obtenir le salut (Hébreux 9:27; Psaume 49:8; Proverbes 10:28; 11:7; 29:1).

Personne ne peut franchir le gouffre établi entre nous et Dieu (Luc 16:26).

Assurance et sécurité

La foi est une confiance en tout ce qui est invisible (Hébreux 11:1).

Notre assurance ne repose pas sur notre flair, alors que nous tentons de deviner les choses, mais sur la Parole de Dieu (Actes 17:31) et sur son Livre (Romains 10:17; 1 Thessaloniciens 2:13).

C'est la confiance d'un fils envers son père (1 Jean 5:10; Romains 8:16; Galates 4:6).

La foi résulte en la soumission et le respect (Psaume 25:14; 1 Jean 3:19).

Un chrétien authentique ne vacille pas mais il se montre constant dans sa loyauté (Matthieu 24:13; Hébreux 10:39).

Ceux qui tombent sont insensés; ils ne croient pas vraiment (1 Jean 2:19).

Les enfants de Dieu sont gardés par son pouvoir (1 Pierre 1:5; 2 Timothée 1:12; Jude 1).

Nous devons aussi nous maintenir dans l'amour de Dieu (Jude 21).
C'est cependant Lui qui nous garde de toute chute (Jude 24).
Dieu ne rejettera jamais ceux qui Lui appartiennent (Psaume 37:24, 28; Lamentations 3:31).
Un fils sera toujours un fils (Jean 8:35).
Jésus ne perdra jamais le moindre de ceux qui Lui appartiennent. Ils les ressuscitera tous le Dernier Jour (Jean 6:37, 39-40, 44).
Satan ne peut nous toucher (1 Jean 5:18; Jean 10:27-29; 2 Timothée 4:18).
Nous sommes gardés pour l'éternité (Romains 8:31-39; 1 Samuel 2:9; Psaume 125:1-2; Proverbes 2:8; Jérémie 32:34-40; Jean 5:24; 17:11-12, 15; Philippiens 1:6).
Ceux qui seront condamnés lors du jugement sont de faux docteurs, et Christ ne les a jamais connus (Matthieu 7:22-23).

Il est un temps pour être sauvé – Luc 4:19; Psaume 32:6; Psaume 69:13
Aujourd'hui est le jour du salut (Hébreux 3:7-8; 4:7; 2 Corinthiens 6:2).
Le Saint-Esprit ne s'efforcera pas toujours de convaincre l'homme (Genèse 6:3; Néhémie 9:30; Esaïe 63:10; Jérémie 11:7-11).
Beaucoup refusent l'appel de l'Esprit (Actes 7:51; 1 Timothée 5:19).
Lorsque Dieu rejette un homme, celui-ci ne pourra jamais se repentir (Hébreux 6:6; 10:26-27; 12:15-17).
Lorsqu'on repousse l'amour de Dieu, on ne peut que faire face à sa colère (Romains 2:4-5; Esaïe 33:14; Apocalypse 6:16-17; Psaume 21:8-9; Jérémie 4:4).
Nul ne peut se repentir au-delà du tombeau (Jean 8:21; Hébreux 9:27).
Le juste sera juste pour l'éternité tandis que le méchant restera éternellement dans sa méchanceté (Apocalypse 22:11; Psaume 81:12; Daniel 12:10; 2 Timothée 3:13).
Oh, quelle terrible destinée pour celui qui méprise le jour de la grâce! (Jérémie 8:20; Proverbes 10:5; Luc 13:25-28; 19:44; Matthieu 25:1-12).

La nouvelle naissance
Nous sommes par nature les enfants de la désobéissance et de la colère (Ephésiens 2:2-3).
Certains prétendent être enfants de Dieu. Ils prient le «notre Père» (Matthieu 6:9) mais sont en réalité les enfants du diable (Jean 6:70; 8:41-44; Matthieu 13:38; Actes 13:10; 1 Jean 3:8-10).
Celui qui désire le royaume de Dieu doit naître d'En-haut (Jean 3:3-8).
C'est une naissance intérieure, par le Saint-Esprit (Jean 3:6; Tite 3:5).
Elle ne vient pas de nos ancêtres terrestres, humains, et n'est pas due non plus à un souhait de l'homme. Elle n'est pas l'œuvre de tout autre être humain (Jean 1:13).
Quiconque reçoit le Seigneur Jésus-Christ en croyant en son Nom est né de Dieu (Jean 1:12; Galates 3:26; 1 Jean 5:1).
La semence de la nouvelle naissance est la Parole de Dieu (Jacques 1:18; 1 Pierre 1:23).

Comment distinguer ceux qui sont nés de Dieu?
Ils ressemblent à leur Père (Jean 8:41-47; 2 Pierre 1:4).
Ils haïssent le diable (Jean 3:9) et cessent de pratiquer le mal (1 Jean 3:6, 9; 5:18).
Ils aiment la justice et la pratiquent (1 Jean 2:29).
Ils aiment les enfants de Dieu et sont en communion avec eux (1 Jean 2:19; 3:14).
Ils aiment Dieu (1 Jean 3:20; 5:2; Jean 8:42).

Ils gardent ses commandements (1 Jean 2:3).
Ils n'aiment pas le monde (1 Jean 2:15).
Ils ont triomphé du monde par leur foi (1 Jean 5:4).
Leur conversation porte sur des sujets dignes de foi et non sur les choses du monde (1 Jean 4:5-6; Malachie 3:16).
Un enfant sera toujours un enfant. Il ne peut entrer dans la famille pour la quitter ensuite (Jean 8:35).
Les enfants de Dieu sont conduits par l'Esprit (Romains 8:14).

Les bénédictions dont jouissent les enfants de Dieu – Ephésiens 1:5

L'Esprit leur donne l'assurance que Dieu est leur Père (Romains 8:15-17; Galates 4:6-7).
Le Père les corrige (Hébreux 12:5-11; 2 Samuel 7:14; Psaume 32:1-5).
Christ est leur frère aîné (Jean 20:17).
Ils sont co-héritiers avec Lui (Romains 8:17; Galates 3:29; 4:7; 1 Corinthiens 2:9-12; 1 Pierre 3:7).
Nous sommes participants de la nature divine (2 Pierre 1:4; 2 Corinthiens 3:18; Ephésiens 4:23-24; Colossiens 3:10; Hébreux 12:10; 1 Jean 23:2).
Nous pouvons recevoir le Saint-Esprit, ce qui n'est pas donné à ceux qui n'ont pas reçu le salut (Jean 14:16-17; Luc 11:9-13).
Que Dieu nous aide à entrer dans nos privilèges (Galates 4:31 – 5:1; Philippiens 2:15; 2 Corinthiens 6:18 – 7:1)!

La sainteté – Qu'est-ce que la sainteté?

C'est la séparation d'avec le mal pour se consacrer à Dieu (1 Chroniques 29:5, 15-18; 1 Thessaloniciens 4:3, 7; Jean 17:19; Hébreux 9:19).
Dieu nous a mis à part par la nouvelle naissance, et nous Lui appartenons (1 Corinthiens 6:11; Hébreux 10:10-14; 2 Thessaloniciens 2:13).
C'est la raison pour laquelle nous sommes appelés des «saints», des hommes et des femmes mis à part (1 Corinthiens 1:2, et dans d'autres passages encore).
Nous devrions cependant croître dans la sainteté (2 Corinthiens 3:18; 2 Pierre 3:18; 1 Thessaloniciens 3:12-13; 4:1, 10; Philippiens 3:12-14).
Nous sommes destinés à atteindre une croissance et une maturité complètes (2 Corinthiens 7:1; Ephésiens 4:11-15; 1 Thessaloniciens 5:23).
Lors de son retour, Christ achèvera cette œuvre en nous (1 Thessaloniciens 3:13; 1 Jean 3:2).
La sanctification, la sainteté sont l'une et l'autre l'un des aspects de notre héritage (Actes 20:32; 26:18).
Sans cette poursuite de la sainteté, nul ne verra Dieu (Hébreux 12:14).

Comment obtenir la sainteté?

C'est Dieu qui nous sanctifie (1 Thessaloniciens 5:23-24).
La mort de Christ sanctifie, elle aussi (Ephésiens 5:25-27; Hébreux 10:10, 14).
Et la puissance du Saint-Esprit sanctifie (1 Pierre 1:2; 2 Thessaloniciens 2:13).
La foi en Christ sanctifie (Actes 26:18).
Il faut aussi lire sa Parole et s'y soumettre (Jean 15:3; 17:17; Ephésiens 5:26).
Il arrive que nous ayons besoin d'être châtiés afin d'entrer dans la sainteté (Hébreux 12:10-11).

Nous devons cependant choisir nous-mêmes et désirer sincèrement la sainteté (Romains 6:19-22; 2 Corinthiens 6:17 – 7:1; Hébreux 12:14).

La vie éternelle

Le Christ Jésus est source de vie (Jean 1:4; 5:26, 40; 20:31; 5:11; Colossiens 3:3-4).

Nous qui appartenons à Christ possédons la vie nouvelle (Romains 6:4).

La nouvelle naissance est le début d'une vie qui n'aura pas de fin (Galates 6:15).

Christ maintient cette vie, exactement comme les aliments et les liquides contribuent au maintien de la vie physique (1 Corinthiens 10:4; Jean 6:51-53).

La vie éternelle n'est pas une chose qui commencera dans l'avenir; elle débute dès l'instant où nous venons au Seigneur, et elle se poursuit à l'infini (Jean 3:14-16, 36; 5:24; 6:54; 1 Jean 3:14).

La connaissance de Dieu est la vie éternelle (Jean 17:3; 1 Jean 1:1-3).

Nous croissons toutefois dans cette vie nouvelle (Jean 10:10; Éphésiens 4:15; Colossiens 1:10; 1 Thessaloniciens 3:12; 4:10; 2 Thessaloniciens 1:3; Hébreux 6:1; 2 Pierre 3:18).

Cette croissance est due au lait et à la nourriture solide que nous offre la Parole de Dieu (1 Pierre 2:2; Hébreux 5:12-14).

Cette vie n'aura pas de fin (Jean 4:14; 10:28; Romains 11:29). Dieu ne reprend jamais ce qu'Il a donné.

Christ Lui-même est notre vie (Colossiens 3:3-4), et Il ne pourra plus jamais mourir (Romains 6:9; Apocalypse 1:18).

Cette vie se poursuit dans ce qui arrivera un jour (Marc 10:30; Luc 18:30; Tite 3:7; Jude 21).

Ceux qui jouissent de cette vie nouvelle possèdent un cœur nouveau (Ézéchiel 36:36) et un esprit nouveau (Ézéchiel 11:19). Ce sont des hommes et des femmes transformés (Éphésiens 4:24) en une nouvelle création (2 Corinthiens 5:17).

La rédemption

Nous étions esclaves de l'ennemi, le diable (Apocalypse 7:14; Éphésiens 4:18-19).

Nous étions incapables de nous racheter les uns les autres (Psaume 49:7-8; Hébreux 9:22).

Dieu déclare: «je t'ai racheté» (Luc 1:68; Ésaïe 53:1-6).

Le rédempteur doit appartenir à la même famille que la personne dont il assure le rachat (Galates 3:13; 4:5; Hébreux 2:9-17).

Il doit en outre posséder le prix du rachat qu'il va devoir payer (Matthieu 20:28; Éphésiens 1:7; Hébreux 9:11-12; 1 Pierre 1:18-19).

Le rédempteur tire celui ou celle qu'il rachète hors du pays de l'esclavage pour l'amener dans son pays à lui (Apocalypse 5:9; Psaume 103:4; Tite 2:14; Psaume 136:24; Apocalypse 14:3).

La personne rachetée appartient au rédempteur pendant le reste de sa vie (1 Corinthiens 6:19-20; Luc 1:74-75).

Le racheté retourne à sa liberté. (Note : Dans la langue des Lubans, le mot choisi pour «liberté» est celui qui désigne «la condition de celui qui est chez lui».) (Psaume 34:22; Galates 4:5).

Nos corps eux-mêmes et la création tout entière entreront dans cette rédemption au moment du retour du Seigneur (Romains 8:22-25; Colossiens 1:20-23).

Le baptême

Lorsque les sacrificateurs étaient désignés, dans l'Ancien Testament, ils étaient premièrement lavés dans l'eau des pieds à la tête (Exode 29:4).

Jean Baptiste immergeait ceux qui s'étaient repentis (Luc 3:7-8).

Le sacerdoce appartenait à Aaron mais un meilleur sacrifice lui fut révélé (Jean 1:29).

L'ancien sacerdoce a été remplacé par quelque chose de meilleur (Hébreux 7:12).

Aujourd'hui, tous les chrétiens sont prêtres ou sacrificateurs (1 Pierre 2:9; Apocalypse 5:9-10; 1 Pierre 2:5; Apocalypse 1:5-6).

Le Seigneur Jésus, notre souverain Sacrificateur, fut baptisé par Jean (Matthieu 3:13-16. Voir aussi Hébreux 9:11).

Il veut que tous les croyants, quelle que soit leur race, soient baptisés (Matthieu 28:19; Marc 16:16).

C'est là le signe que nous avons revêtu Christ (Galates 3:27).

Le baptême est un symbole (1 Pierre 3:21). Ce verset nous montre que
1. le baptême ne lave pas la souillure;
2. il est réservé à ceux dont le cœur est droit devant Dieu.
3. Il montre aux hommes que nos péchés ont été pardonnés (Actes 2:38; 22:16).

Le baptême est uniquement pour ceux qui croient au Seigneur Jésus-Christ de tout leur cœur (Actes 8:36-37).

C'est une image de l'ensevelissement de notre ancienne vie et du début de notre vie nouvelle (Romains 6:1-5; Colossiens 2:12).

Dans Jean 3:5, «l'eau» n'est pas en relation avec le baptême. Il s'agit ici de l'eau de la Parole de Dieu qui produit la nouvelle naissance (Ephésiens 5:26; Jacques 1:18; Jean 15:3; 1 Pierre 1:23).

Certains baptisent les enfants, mais ceci n'apparaît pas dans les Ecritures; Matthieu 19:13-15 ne parle pas du baptême. Christ se contente de poser ses mains sur les enfants et de les bénir.

Ceux pour lesquels les enfants qui meurent sans être baptisés s'en vont en enfer sont des MENTEURS. Christ nous dit en effet: «car le royaume de Dieu est pour leurs pareils» (Marc 10:14).

La justification

Etre justifié, c'est être prononcé juste (Romains 4:1-11; 22:24).

C'est l'antithèse de la condamnation (Jean 6:24).

Les pécheurs peuvent être justifiés (Luc 18:14).

Seul Dieu peut justifier l'homme (Romains 6:33-34; Galates 3:8) car Lui seul a le pouvoir de condamner (Psaume 51:4).

Nous sommes justifiés par la grâce de Dieu et la rédemption dont Christ a payé le prix (Romains 3:23-24).

On ne peut l'être en observant la Loi (Galates 2:16; Tite 3:5).

C'est uniquement par grâce que nous le sommes (Romains 5:15-17; 2 Timothée 1:19; Tite 3:7).

Tous ceux qui placent leur confiance dans le Seigneur Jésus sont justifiés en toutes choses (Actes 13:39; Philippiens 3:9).

Ils le sont s'ils ont la foi dans leur cœur (Romains 10:9-10).

Comment le pécheur peut-il être justifié? (Psaume 130:3; 143:2).

La justification ne s'obtient que par la mort du Seigneur Jésus (Romains 3:25-26; 2 Corinthiens 5:21; 1 Pierre 2:24) et par sa résurrection (Romains 4:25; 1 Corinthiens 15:17).
Elle nous est acquise par son sang (Romains 5:9).
Nous ne l'obtenons pas grâce à nos bonnes œuvres (Galates 2:16; 3:1; Romains 4:5; 11:6).
Etant justifiés, nous sommes en communion avec Dieu et nous pouvons nous approcher de Lui (Romains 5:1; Tite 3:7).
La justification conduit au partage de la gloire de Dieu (Romains 5:16-17; 8:30).
Elle est suivie de bonnes œuvres (Jacques 2:14; 1 Corinthiens 6:9-11; 1 Jean 2:29; 3:7-10).
Elle signifie que nous ne serons pas condamnés (Romains 8:33-34; Tite 3:8; Ephésiens 2:10).
Elle signifie aussi que nous échappons à la colère de Dieu (Romains 5:9).
Nous, pécheurs, ne possédons aucune justice personnelle; nous n'avons que celle qui nous vient du Seigneur Jésus et qui nous est accordée comme un don (Romains 8:1-4; 33-34; 2 Corinthiens 5:21).

La justice

Dans l'Evangile, nous découvrons à la fois la justice et la colère de Dieu sur les impies (Romains 1:16-18).
Il n'existe aucun juste parmi les humains (Romains 3:10, 23).
Nos actes de justice sont comparés à un vêtement souillé (Esaïe 64:5).
Ce que Christ nous donne, par contre, est aussi blanc que la neige (Psaume 132:16; Romains 3:22; Apocalypse 19:7-8; Matthieu 22:11).
Celui qui refuse la justice de Christ ne peut prendre part au banquet céleste (Matthieu 22:11).
La grâce de Dieu apporte une justice éternelle (Tite 2:11-12).
La justice hypocrite des Pharisiens ne peut justifier (Matthieu 5:20; Luc 18:9-14).
Soumettons-nous à la justice de Dieu (Romains 10:3).
Nous ne pouvons obtenir la justice par nos œuvres; elle nous est accordée uniquement sur la base de notre foi en Jésus (Romains 3:22; 4:2-5).
C'est un don qui nous apporte la vie éternelle (Philippiens 3:9; Tite 3:5-7).
Celui qui pratique la justice est juste et droit tandis que celui qui néglige de le faire est du diable (1 Jean 2:29; 3:8).
L'homme de Dieu recherche la justice (1 Timothée 6:11; 2 Timothée 2:22).
Dieu se soucie des justes et Il entend leurs cris (Psaume 34:15; 37:25).
Les justes brilleront dans le royaume de leur Père (Matthieu 13:43; Apocalypse 14:13).
Et ceux qui auront enseigné la justice brilleront aussi (Daniel 12:3).

La grâce de Dieu

Les dons de Dieu sont éternels (Romains 11:29; Ecclésiaste 3:14).
Dieu est la source de toute grâce (1 Pierre 5:10).
La grâce est réservée à ceux qui n'ont aucune ressource personnelle (Luc 7:42).
C'est le Seigneur Jésus-Christ qui apporte la grâce (Jean 1:17; Romains 5:2; 2 Corinthiens 8:7, 9).

Christ est plein de grâce et de vérité (Luc 2:40; Jean 1:14, 16; Romains 5:15, 17; 2 Thessaloniciens 1:12; 2 Corinthiens 4:15).
C'est sa grâce qui apporte le salut (Tite 2:11; Ephésiens 2:5, 8; Actes 15:11).
La grâce a envoyé Christ au Calvaire (Hébreux 2:9).
La grâce nous donne la foi (Actes 18:27; Romains 4:16).
Nous sommes justifiés par la grâce (Romains 3:24; Tite 3:7).
Les bonnes œuvres découlent de la grâce (Luc 4:22; Actes 14:3; 20:24, 32).
Là où le péché abonde, la grâce est plus abondante encore (Romains 5:20).
Ni la sagesse ni les bonnes œuvres ne peuvent sauver; seule la grâce en est capable (2 Corinthiens 1:12; Romains 3:27; 4:4; Ephésiens 2:8).
Sans la grâce, nous ne pouvons plaire à Dieu par nos œuvres (Hébreux 12:28).
La grâce nous est donnée en vue de l'exécution de toute bonne œuvre (2 Corinthiens 9:8).
Nous sommes choisis afin de célébrer la gloire de sa grâce (Ephésiens 1:6; 2:7).
La grâce nous enseigne à poursuivre dans la justice et la piété (Tite 2:11-12; Actes 11:23; 2 Corinthiens 9:14-15; 2 Corinthiens 6:1).
La grâce est source de consolation et d'espoir (2 Thessaloniciens 2:16).
La grâce crée l'harmonie entre époux (1 Pierre 3:7).
La grâce permet d'assister les messagers de Dieu (1 Timothée 1:14; 2 Timothée 1:9; Romains 1:5; Actes 14:26; 15:40).
Tenons compte de cet avertissement: ceux qui s'appuient sur leurs bonnes œuvres ne prennent pas au sérieux la grâce Dieu (Galates 1:6; 2:21; 5:4).
Encourageons-nous les uns les autres afin de persévérer dans la grâce de Dieu (Actes 13:43).
Continuer à vivre dans le péché en pensant que la grâce abondera est une vraie hypocrisie (Romains 6:1, 15; Jude 4).
Ceux qui méprisent la grâce de Dieu font face à un sort terrible (Hébreux 10:29; 12:15).
Nous sommes enrichis par la grâce de Dieu (1 Corinthiens 1:4-7). Partageons cette grâce avec d'autres (2 Corinthiens 9:1, 6). Chantons-la (Colossiens 3:16); enseignons-la, et que notre congrégation ait la grâce d'y prêter l'oreille (Ephésiens 4:29; Colossiens 4:6). Persévérons dans notre effort d'en amener d'autres à cette grâce (1 Corinthiens 15:10; 1 Pierre 4:10).
Edifions les saints en les nourrissant de cette grâce (Hébreux 13:9).
Approchons-nous souvent du trône de la grâce afin d'obtenir cette dernière (Hébreux 4:16; 2 Corinthiens 12:9).
Soyons suffisamment humbles pour recevoir la grâce (Jacques 4:16; 1 Pierre 5:5).
Croissez dans la grâce (2 Pierre 3:18; 2 Timothée 2:1).
Nous avons la grâce en ce qui concerne le passé (1 Pierre 2:2-3), la grâce pour l'heure présente (1 Pierre 5:12) et la grâce pour l'avenir (1 Pierre 1:13).

La prière
Notre attitude insouciante face à la prière attriste le cœur de Dieu (Esaïe 43:21-22; 64:6-7).
Dieu nous incite à persévérer dans la prière (Colossiens 4:2; 1 Corinthiens 7:5).
Nous obtiendrons ainsi ce que nous Lui réclamons (Jacques 5:16; Jean 14:13-14; 1 Jean 5:13-14).

Nous devons prier **en toutes choses** (Philippiens 4:6), **constamment** (Luc 18:1), **pour toutes sortes de gens** (1 Timothée 2:1-3), et **partout**, c'est-à-dire où que nous soyons (1 Timothée 2:2).
Celui qui néglige de prier se prive de bénédictions (Sophonie 4:1-6; Daniel 9:13-14; Jacques 4:2).
La prière est ce que Dieu a prévu afin de pourvoir à nos besoins (Daniel 9:3; Matthieu 7:7-11).
La prière est l'une des tâches missionnaires la plus importante (Actes 6:4; Romains 1:9; Colossiens 1:9).

Quatre certitudes dans la prière

1. Nous savons que Dieu est notre **Père**.
2. Qu'Il a de la joie à prendre soin de ses **enfants** (Luc 11:11-13; Romains 8:15-16).
3. Jésus est mort pour nous. En Lui, toutes choses nous appartiennent (Romains 8:32; Hébreux 10:19-22).
4. Les promesses de la Parole de Dieu nous dirigent dans nos prières (Psaume 130:5; 2 Pierre 1:4).

En venant à Dieu dans la prière, n'oublions pas ceci:

1. Nous devons nous adresser à notre Père au Nom de son Fils (Jean 14:13-14).
2. Nous devons prier en accord avec sa volonté (1 Jean 5:14-15; Jean 15:7).
3. Nous devons prier sans douter (Marc 11:24; Jacques 1:5-7).
4. La prière doit jaillir d'un cœur pur (Psaume 66:18; 1 Jean 3:19-22).
5. Des prières sans conviction n'accomplistent rien. Prions avec ferveur (Jacques 5:16; Luc 18:2-8; Matthieu 26:44).

Et enfin, N'OUBLIONS PAS DE REMERCIER DIEU POUR TOUT EXAUCEMENT DE PRIERE (Philippiens 4:6; Psaume 100:4; 1 Thessaloniciens 5:12; Colossiens 3:17).

Quels sont ceux que Dieu exauce, et à qui ne répond-Il pas?

Dieu prête l'oreille à ceux qui sont dans le besoin et à quiconque est honteux de son péché (Psaume 10:17; Luc 18:13-14; Psaume 9:12).
Dieu accorde son salut à celui qui l'invoque au Nom du Seigneur (Romains 10:13), car celui qui se met à prier est en fait à la recherche de Sa face (Actes 9:11).
Dieu entendra tous ceux et celles qui se confient dans le Nom de son Fils (1 Jean 5:13-14; Jean 15:7; Psaume 91:14-15).
Son oreille est attentive aux cris des justes (Psaume 32:6-7; 34:15-17; 145:19; Proverbes 15:8).
Que celui qui manque de sagesse prie (Jacques 1:5).
Dieu répond à ceux qui se réjouissent en Lui et Lui soumettent leurs désirs avec respect (Psaume 145:19; 1 Jean 3:22).
Ceux qui demeurent en Christ peuvent demander ce qu'ils désirent et cela leur sera accordé (Jean 15:7).
Il entend le cri de ceux qui sont nus et affamés (Psaume 69:33; 102:7).
Il entend aussi ceux qui sont faibles et qui souffrent (Jacques 5:13), ceux qui sont opprimés et persécutés (Esaïe 19:20; Jacques 5:4).
Il prête l'oreille à la veuve et à l'orphelin (Exode 22:22-23).
Il rejette ceux dont leur cœur est plein d'iniquité (Psaume 66:18; Esaïe 59:1-2).
Il n'écoute pas ceux qui traitent sa Loi à la légère (Psaume 28:9).

Il rejette ceux qui négligent les pauvres (Proverbes 21:13).
Il rejette l'orgueilleux et l'égoïste (Jacques 4:3).
Il ne prête pas l'oreille à ceux dont le cœur est tourné vers les idoles (Ezéchiel 14:3).
Il repousse ceux qui ne veulent pas confesser leurs fautes à d'autres (Jacques 5:16).
Il ne répond pas à ceux qui refusent de pardonner (Marc 11:25-26).
Il rejette l'incrédule (Matthieu 13:58; 21:22).
Il n'écoute pas le mari et la femme qui se disputent constamment (1 Pierre 3:6-7).

Comment devons-nous prier?

Nous devons prier avec foi (Matthieu 21:29; Marc 11:24; Jacques 1:6).

Il est bon de choisir un endroit et un moment précis pour prier (Psaume 55:17; Colossiens 4:2).

Il faut éviter toute distraction (Actes 10:9; Matthieu 14:23; Jean 1:48; Matthieu 6:6).

Commençons la journée dans la prière (Psaume 5:3; Marc 1:35).

Les nuits de prière sont aussi excellentes (Luc 6:12).

Prions au moment des repas (1 Timothée 4:4-5).

Prions lorsque nous souffrons (Psaume 81:7).

Prions dans les heures de difficulté (Psaume 50:15; 107:6, 13, 19-20).

Faisons-le sincèrement, sans hypocrisie (Psaume 145:18).

Prions dans la maladie (Jacques 5:13-18).

Prions sérieusement (Matthieu 6:7), sans faire de nombreuses répétitions (Romains 12:12; Colossiens 4:2).

On peut prier seul (Matthieu 6:6; Marc 1:35; Luc 22:39-46; Matthieu 14:23).

On peut prier avec son épouse (1 Corinthiens 7:5), ou avec d'autres enfants de Dieu (Jean 16:33 – 17:1; Psaume 95:6).

On peut fermer les yeux ou les garder ouverts (Jean 17:1).

Des amis peuvent nous aider (2 Corinthiens 1:11).

Il est possible de prier devant des inconvertis (Jean 11:42; Actes 16:25; 27:35).

Que notre prière soit directe, sans errer de gauche et de droite (Psaume 27:4).

Nous pouvons nous agenouiller si nous le désirons (Luc 22:41), ou rester assis (Actes 2:2), ou être debout (Marc 11:25). On peut aussi se prosterner devant Dieu (Matthieu 26:39), élever les mains vers Lui (1 Timothée 2:8), rester sur son lit (Psaume 63:6) et encore jeûner (Actes 13:2-3; 14:23).

Que réclamer dans la prière?

Notre Seigneur nous a donné un modèle, en ce qui concerne la prière (Luc 11:2-4; Matthieu 6:9-13).

Nous devrions prier pour notre salut (Romains 10:13) et pour tous nos besoins (Marc 11:24).

Nous devrions prier pour nous-mêmes (1 Rois 4:10; Psaume 106:4-5).

Prions les uns pour les autres et pour l'ensemble des croyants (Jacques 5:16; Romains 1:9).

Prions pour ceux qui propagent le message de l'Evangile (Ephésiens 6:19-20; Colossiens 4:3; 2 Thessaloniciens 3:1-2; Matthieu 9:38).

Prions pour ceux qui ont été sauvés grâce à notre témoignage (1 Thessaloniciens 3:9-11).

Réclamons à Dieu le salut des membres de notre famille (Romains 10:1) et de ceux qui, parmi nos frères et sœurs, sont tombés (1 Jean 5:16).

Prions pour les malades (Jacques 5:14-15), pour tous les saints (Ephésiens 6:18), pour nos enfants (1 Rois 29:19).

Intercédons pour les rois et pour les autorités (1 Timothée 2:2-3).

Prions pour la ville où nous habitons (Jérémie 29:7; Luc 10:5-11).

N'oublions pas de prier pour Israël (Joël 9:17; Psaume 122:6).

Prions pour ceux qui nous persécutent (Matthieu 5:44; Luc 6:28).

Prions pour tous les hommes (1 Timothée 2:1).

Reconnaissance

Nous avons le devoir d'exprimer notre reconnaissance (Ephésiens 5:4).

Remercions Dieu au Nom de Jésus (Hébreux 13:15; 1 Pierre 2:5; Ephésiens 5:20).

Remercions Dieu jour et nuit (Psaume 92:1-2; 119:62; Colossiens 3:17).

Rendons-Lui grâce continuellement (Ephésiens 5:20) et pour toujours (Psaume 89:1).

Abondons en actions de grâces (Colossiens 2:6-7), sans nous lasser (1 Thessaloniciens 2:13) et en toutes choses (1 Thessaloniciens 5:18).

L'Eglise primitive louait Dieu sans cesse (Luc 24:52-53; Actes 2:46-47).

Notre Seigneur avait l'habitude de rendre grâces (Jean 11:41; Matthieu 11:25; Luc 24:30-35).

Autrefois, Dieu appréciait la reconnaissance plus que les sacrifices (Psaume 69:30-31).

Et aujourd'hui, elle surpasse l'usage des instruments de musique (Ephésiens 5:18-20).

La reconnaissance glorifie Dieu (2 Corinthiens 4:15).

Elle incite les hommes à se repentir et à se tourner vers le Seigneur (Jean 11:41-42).

Le manque de gratitude attriste le cœur de Dieu (Luc 17:15-18).

L'ingratitude cause sa colère (Romains 1:18-21).

Qui devrait exprimer sa reconnaissance?

Les rachetés devraient Lui dire merci (Psaume 107:1-2).

Les croyants expriment leur gratitude (1 Timothée 4:3).

Les méchants ne peuvent Le remercier (Proverbes 15:8).

Qu'est-ce qui nous pousse à la reconnaissance?

Le don de Jésus Lui-même (Luc 2:36-38).

Notre pardon, notre guérison, notre salut et la satisfaction que Dieu nous donne (Psaume 103:1-5; Colossiens 1:12; 1 Pierre 1:3).

La victoire sur le péché et sur la mort (1 Corinthiens 15:57).

L'exaucement de nos prières (Jean 11:41).

L'œuvre qu'Il nous a confiée (1 Timothée 1:12).

Notre nourriture (1 Timothée 4:3).

La communion dont nous jouissons avec d'autres enfants de Dieu (Actes 28:15).

Ceux et celles qui se repentent et viennent au salut (Romains 6:17; 1 Corinthiens 1:4; 1 Thessaloniciens 2:13; 2 Thessaloniciens 2:13).

Tout ce qu'il y a de bon chez les autres (Romains 1:8; Ephésiens 1:15-16; 1 Thessaloniciens 1:2-3).

Le saint sacerdoce du Seigneur Jésus-Christ

Nous avons un Souverain Sacrificateur assis à la droite du Père dans le ciel (Hébreux 3:1; 4:14; 8:1-2).

Il a été désigné par son Père (Hébreux 5:5).
Il devait s'offrir Lui-même en sacrifice (Hébreux 5:3; 8:3; 9:13-14, 26).
Son rôle était de nous réconcilier avec Dieu (Romains 8:34; 1 Timothée 2:5; Hébreux 8:6; 9:15).
Il intercède pour nous (Luc 22:31-32; Jean 17:9; Hébreux 7:25).
Il présente nos prières devant Dieu (Jean 14:13; Hébreux 13:15; Apocalypse 8:3).
Son office est permanent (Hébreux 6:20), et Christ ne pourra plus jamais mourir (Hébreux 7:3; Actes 13:34; Romains 6:9; Hébreux 9:11-12; 26-27; Hébreux 10:10-14).
Il nous délivre continuellement (Hébreux 7:25-26).
Il a été tenté comme nous le sommes mais sans faillir, et c'est pourquoi Il est capable de nous délivrer (Hébreux 4:14-16).
Il fait preuve de miséricorde envers l'ignorant et celui qui s'égare (Hébreux 5:2).
Il est à la fois Souverain Sacrificateur et Roi, selon l'ordre de Melchisédek (Hébreux 5:6-7; 7:1).
Les rois humains ne pouvaient être en même temps sacrificateurs (1 Samuel 13:9-14; 2 Chroniques 26:16).
Notre Seigneur a déjà sa position royale (Psaume 2:8; Apocalypse 11:15).

Notre amour pour Dieu

C'est là le plus grand de tous les commandements (Matthieu 22:26-40).
Nous devons aimer Dieu de tout notre cœur, de toute notre âme, de toute notre pensée et de toute notre force (Marc 12:30; Deutéronome 6:5).
Si nous n'aimons pas Dieu, tout est vain, inutile (1 Corinthiens 13:1).
Les saints sont appelés à aimer Dieu (Psaume 31:23).
Dieu dirige nos cœurs vers Lui afin que nous L'aimions (1 Thessaloniciens 3:11-12).
Nous devons aussi être disposés à L'aimer (Jude 21).
Ceux qui ont passé par la nouvelle naissance L'aiment (1 Jean 4:7).
Nous L'aimons parce qu'Il nous a aimés le premier (1 Jean 4:19).
Il n'oublie pas notre amour (Hébreux 6:10; 1 Corinthiens 8:3).
Si nous L'aimons, nous Lui obéirons aussi (1 Jean 5:3).
Si nous L'aimons, nous tournerons le dos au monde (1 Jean 2:15).
Il délivre du Mal ceux qui L'aiment (Psaume 91:14).
Il les protège (Psaume 145:20).
Il donnera une couronne d'or à ceux qui L'aiment (Jacques 1:12).
Ils recevront un royaume (Jacques 2:5).
Nous ne pouvons imaginer toutes les bénédictions en réserve pour ceux qui aiment Dieu. Toutes choses contribuent à leur bien (1 Corinthiens 2:9; Romains 8:28).

Notre amour pour Christ

Si nous sommes enfants de Dieu, nous aimerons Christ (Jean 8:42).
Nous devrions L'aimer plus que tout autre chose dans le monde (Matthieu 10:35-38).
Ceux qui aiment Jésus observent ses commandements (Jean 14:15).
Le Père et le Saint-Esprit demeurent en Lui, le Fils (Jean 14:15-17; 23).
Dieu aime ceux qui aiment Jésus (Jean 16:27).
L'amour que nous portons à Christ produit la joie et la foi (1 Pierre 1:8).
Ceux auxquels il a été pardonné en abondance aiment beaucoup, eux aussi (Luc 7:47).
Si nous L'aimons, nous prendrons soin de ses brebis (Jean 21:15-17).

Notre amour pour le prochain

Si nous aimons Dieu, nous aimerons aussi nos frères (1 Jean 4:21 – 5:2).
Si nous sommes nés de nouveau, nous aimerons les enfants de Dieu (1 Jean 4:7).
Sans amour, tout est vanité (1 Corinthiens 13:1).
Celui qui aime son frère demeure dans la lumière de Dieu (1 Jean 2:10; Jean 12:35).
Aimons notre prochain comme nous nous aimons nous-mêmes (Matthieu 22:39; Marc 12:31).
Aimons les autres comme le Seigneur nous aime (Jean 15:12).
Aimons l'étranger (Deutéronome 10:19).
Aimons notre prochain, quel qu'il soit (1 Thessaloniciens 3:12).
Nous devrions aimer ceux qui nous haïssent et prier pour eux (Matthieu 5:4; Luc 6:35).
Maris et femmes, parents et enfants: tous devraient s'aimer les uns les autres (Ephésiens 5:25; Tite 2:4).
Aimons sans hypocrisie (Romains 12:9; 1 Jean 3:18).
Aimons ardemment, avec un cœur pur (1 Pierre 1:22).
Recherchons cet amour réciproque (1 Corinthiens 14:1; 1 Timothée 6:11; 2 Timothée 2:22).
Incitons-nous les uns les autres afin de savoir aimer (Hébreux 10:24).
Si nous nous aimons les uns les autres, nous n'aurons pas peur de souligner quelque faute (Proverbes 27:5; Lévitique 19:17).
Nous ne parlerons pas de la faute de quelqu'un derrière le dos de la personne (Proverbes 10:12; 1 Pierre 4:8).
Si nous nous aimons les uns les autres, nous nous viendrons en aide réciproquement (Galates 5:13; 6:2; 1 Jean 3:16-18).
Si nous aimons notre prochain, nous éviterons de lui faire le moindre mal (Romains 13:10; 14:15-21).
L'amour est plus grand que l'espérance et même la foi (1 Corinthiens 13:1; 1 Pierre 4:8).
Dieu nous enseigne de quelle manière nous aimer les uns les autres (1 Thessaloniciens 4:9-10).
Notre amour doit abonder en connaissance et en sensibilité (Philippiens 1:9).
Celui qui aime son prochain donnera même sa vie pour lui (Jean 15:13; 1 Jean 3:16).
L'amour ne faillit jamais (1 Corinthiens 13:8).
L'amour maintient les enfants de Dieu en un seul cœur (Colossiens 3:14).
L'amour engendre la foi (Galates 5:6).
Il vient par la foi (1 Jean 3:23).
Il incite les enfants de Dieu à croître dans la foi (1 Corinthiens 8:1).
C'est le premier des fruits importants de l'Esprit (Romains 5:5; 1 Corinthiens chapitre 13; Galates 5:22).

Le sacerdoce des croyants

Tous les croyants sont des sacrificateurs (1 Pierre 2:5; Apocalypse 1:6; 20:6; Exode 19:6; Esaïe 61:6).

Que nous soyons miséricordieux et fidèles en invitant les hommes à se réconcilier avec Dieu, comme l'a été notre Frère, le Souverain Sacrificateur (Hébreux 2:17; 2 Corinthiens 5:20; 6:1; Jean 20:21; Actes 26:17-18).

Quelle offrande le croyant apporte-t-il? (Hébreux 8:3).

Nous aussi, nous Lui avons offert un jour du vinaigre et du fiel (Luc 23:36).

Premièrement, offrons-nous **nous-mêmes** (Romains 12:1; Philippiens 2:17; 2 Timothée 4:6; 2 Corinthiens 8:5).

Ensuite, conduisons **les autres** au salut (Rom. 15:16; Colossiens 1:22, 28).

N'oublions cependant jamais que la mort du Seigneur Jésus-Christ est la seule offrande capable de réconcilier les hommes avec Dieu (Hébreux 10:14).

Nous pouvons toutefois Lui apporter des sacrifices spirituels (1 Pierre 2:5):

Nos **prières** (Hébreux 5:7; Apocalypse 8:3), nos **actions de grâces** (Hébreux 13:15-16).

Nos **dons** sont aussi une aide dans l'œuvre de Dieu (Philippiens 4:18; Actes 24:17).

Les dons de l'Eglise

Les bergers de l'Eglise doivent être nourris et vêtus (1 Corinthiens 9:11; 1 Timothée 5:17).

Les évangélistes devraient eux aussi vivre de l'Evangile (1 Corinthiens 9:14).

Nous devrions considérer les pauvres (Galates 2:10; Matthieu 19:21; 26:11; 1 Jean 3:17).

Les messagers de Dieu ne reçoivent rien des inconvertis (3 Jean 7; Matthieu 10:8).

Les hommes devraient s'offrir premièrement eux-mêmes à Dieu (2 Corinthiens 8:5).

Ils donneront ensuite tout ce qu'ils possèdent (Luc 21:1-4).

Les responsables de l'Eglise ne devraient pas rechercher la richesse mais plutôt les âmes qu'ils peuvent conduire à Christ (2 Corinthiens 12:14; 1 Pierre 5:2; Actes 20:33-35).

Celui qui se montre intéressé financièrement ne peut être chargé de responsabilités dans l'Eglise (1 Timothée 3:3).

Pensez à Judas (Matthieu 26:15), à Balaam (2 Pierre 2:15; Nombres 22:5), à Gehazi (2 Rois 5:20-27); à Ananias et Saphira (Actes 5:1-10) et enfin à Simon (Actes 8:18-24).

Glorifions Dieu avec tout ce que nous possédons, y compris notre salaire (1 Corinthiens 10:31).

Dieu a décidé que l'homme devait travailler (Genèse 3:19; 2 Thessaloniciens 3:10).

Ce que nous possédons est cependant un don de Dieu (Philippiens 4:19).

L'ouvrier mérite son salaire (Luc 10:7; 1 Timothée 5:18).

Nous ne devons pas nous inquiéter au sujet de notre nourriture ou de nos vêtements (Matthieu 6:25-34).

Soyons satisfaits lorsque nous avons de quoi manger ou de quoi nous vêtir (1 Timothée 6:8).

L'avarice est un obstacle à la bénédiction (1 Timothée 6:5-10; Jacques 1:11; Hébreux 13:5; Philippiens 4:11).

Considérons plutôt les richesses célestes (Luc 12:33; Colossiens 3:1).

Nos biens devraient nous permettre de travailler au salut des âmes (Luc 16:9).

Nous devons avoir un salaire suffisant pour pourvoir aux besoins de notre famille (1 Timothée 5:8; Genèse 30:30; 2 Corinthiens 12:14; Proverbes 13:22).

Nous devons avoir suffisamment pour aider les nécessiteux (1 Jean 3:17; Actes 20:35).

Nous devons aussi nous soucier de la veuve et de l'orphelin (1 Timothée 5:9-10; Deutéronome 26:12; Jacques 1:27).
La convoitise est une idolâtrie (Colossiens 3:5; Luc 12:15; Ephésiens 5:3).
Si nous apportons nos dons à Dieu, nous serons nous-mêmes récompensés et bénis (Luc 6:38; Malachie 3:10; Proverbes 11:25; 2 Corinthiens 9:6; Proverbes 3:9-10; Matthieu 19:21).
Il vaut mieux donner que recevoir (Actes 20:35).
La grâce de notre Seigneur Jésus nous incite à donner (2 Corinthiens 8:9).
Donnez de tout votre cœur (Romains 12:8; Exode 36:5), secrètement (Matthieu 6:3), librement (Matthieu 10:8), d'un cœur joyeux (2 Corinthiens 9:7). Donnez aussi selon vos moyens (Deutéronome 16:17; Actes 11:29; 2 Corinthiens 8:12; 1 Corinthiens 16:2), le premier jour de chaque semaine (1 Corinthiens 16:2), sincèrement (Actes 5:1-11), avec compassion (Luc 10:33-35), et venez même en aide à ceux qui vous haïssent (Proverbes 25:21).

La sagesse de celui qui conduit des âmes au salut – Proverbes 11:30; Daniel 12:3

Il faut d'abord que nous soyons sauvés nous-mêmes (Romains 2:1-3, 21; 1 Timothée 4:16).
Prêchons la nécessité du salut pour tout être humain (1 Corinthiens 1:21; Romains 10:17).
Lisons la Parole de Dieu capable de sauver ceux qui nous écoutent (Luc 6:45; 2 Timothée 4:1-3; Jérémie 20:9).
Prions afin que tout homme et toute femme soient sauvés (Romains 10:1; Matthieu 9:37-38).
Désirons le salut des autres avec la plus grande sincérité (Romains 9:1-3; 10:1).
Versons des larmes en priant pour le salut des gens (Jérémie 13:17).
Apportons nos dons afin de contribuer à la tâche de l'évangélisation (Matthieu 19:21; Luc 16:9).
Que les gens puissent observer notre christianisme et désirer ensuite être sauvés (Matthieu 5:16; 1 Corinthiens 9:12; 1 Thessaloniciens 1:8-9).
Que nous soyons remplis du Saint-Esprit afin de travailler au salut des âmes (Actes 1:8; Colossiens 1:7-8; 1 Pierre 1:12).
Aimons les autres afin qu'ils soient sauvés (Romains 5:5; 2 Corinthiens 5:13-20; 1 Thessaloniciens 2:7).
Faisons tout notre possible pour conduire les gens au salut (Romains 11:14; 1 Corinthiens 9:22).
Regardons au Seigneur afin de savoir comment en conduire d'autres au salut (Matthieu 4:19; Luc 5:10).
Soyons vraiment déterminés à les voir sauvés (Colossiens 1:28-29; Romains 15:20).
Imitons notre Sauveur qui est venu afin de chercher et de sauver les perdus (Matthieu 18:11).
Hâtons-nous de les arracher au feu (Jude 23; 2 Timothée 4:2; Jacques 5:19-20; Jean 9:4).
Considérons leurs mauvaises voies afin d'amener ces âmes au salut (Jean 4:35-36; Jude 23; Ezéchiel chapitre 8; Ezéchiel 9:4).
Mettons-nous à témoigner parmi les nôtres (Jean 1:42-45).
Témoignons dans la ville où nous vivons (Actes 1:8; Marc 5:19-20).

Mettons-nous ensuite à la recherche des hommes en tous lieux (Marc 16:15; Actes 17:30; 20:26-27; Matthieu 28:19).

La communion entre Dieu et nous

Christ est mort afin de nous réconcilier avec Dieu en son propre corps (Daniel 9:24; Ephésiens 2:16).

La réconciliation est déjà établie (2 Corinthiens 5:18).

Christ a réconcilié toutes choses avec Dieu, et Il l'a fait par son sang (Colossiens 1:20; 2 Corinthiens 5:19).

Notre Seigneur ressuscité est le Souverain Sacrificateur capable de nous réconcilier avec Dieu (Hébreux 2:17; 1 Jean 2:1).

Même ceux qui Le haïssent peuvent être réconciliés avec Dieu (Romains 5:10; Colossiens 1:21).

La tâche des messagers de Dieu est d'inviter les hommes à se réconcilier avec Dieu (2 Corinthiens 5:18-21).

Dieu a interrompu son œuvre exclusive avec Israël afin de réconcilier le monde entier avec Lui-même (Romains 11:15).

Accueillons cette réconciliation avec joie (Romains 5:11).

NOTE: le résultat de la réconciliation (ku pwanya) est que nous entrons en communion avec Dieu (kipwano).

Etant justifiés, nous obtenons un privilège qui est celui de nous approcher de Dieu par la foi (Romains 1:1-2).

Nous entrons aussi dans une réelle unité au sein de son Eglise (Actes 2:42, 47).

Notre communion est avec le Père et avec son Fils (1 Jean 1:3).

Notre Seigneur est au milieu de son peuple (Matthieu 18:20; 28:20; Luc 24:15).

Une telle communion a pour conséquence un changement dans notre conduite (Actes 4:13).

C'est Dieu qui nous a appelés à être en communion avec son Fils (1 Corinthiens 1:9; Exode 33:9; Malachie 2:6).

Et maintenant, Il nous appelle à être en communion avec Lui-même (Hébreux 7:19; 10:22; Jacques 4:8).

Si nous souhaitons être en communion avec Dieu, nous devons renoncer à nos contacts avec le monde (1 Corinthiens 10:20; 2 Corinthiens 6:14-17; Ephésiens 5:11; Jacques 4:4; 1 Jean 2:15).

Nous nous tendons la main droite en signe de communion (Galates 2:9).

Une telle communion crée entre nous une unité de cœur (Philippiens 2:1-2; Actes 4:32).

Oh, quelle est douce la communion des saints! (Psaume 119:63; Malachie 3:16; Philippiens 1:3-5; 1 Jean 1:7).

Cela signifie que nous nous entraidons (Romains 1:12; 16:1-2).

Cela veut dire aussi que nous nous aimons les uns les autres (1 Jean 3:14-18).

Nous avons le même Père (Ephésiens 4:3-6).

Nous avons la même demeure (Ephésiens 2:19).

Notre héritage est le même aussi (Ephésiens 3:6).

Nous oeuvrons ensemble en vue du témoignage de l'Evangile (Philippiens 4:3; 1 Thessaloniciens 3:2).

Nous souffrons avec Lui (Philippiens 3:10; 1 Corinthiens 12:26; Matthieu 2:23; Romains 8:17; 2 Corinthiens 1:5; 2 Timothée 2:12; 1 Pierre 4:13-14).

Ceux qui ne connaissent pas le salut n'ont aucun désir d'être en contact avec nous (1 Jean 2:19).

L'EGLISE DE DIEU

Le mot « ecclesia » sert à désigner «ceux qui sont appelés hors de ...» parce qu'ils ont été sanctifiés, c'est-à-dire mis à part en ce qui concerne les choses de ce monde (Jean 15:19; 1 Jean 3:13).

Ce mot s'applique également à Israël (Actes 7:38).

Semblable à un corps, il n'existe qu'une seule Eglise de Dieu (1 Corinthiens 2:3-28).

Jésus Lui-même en est la Tête (Matthieu 16:18; Ephésiens 4:4).

On peut la comparer à une maison faite de pierres vivantes, bâtie sur Jésus, qui en est la base, le fondement (Ephésiens 2:20-22; 1 Pierre 2:4-7).

L'Eglise est formée de tous ceux qui sont sauvés (Actes 2:41; 47; 5:14).

Pierre était un fragment de ce roc bâti par Christ (Matthieu 16:18).

Les apôtres, eux, représentaient les pierres servant de fondations (Ephésiens 2:20-22; 1 Pierre 2:4-7).

L'Eglise est l'ensemble de ceux et celles qui ont été rachetés par le sang du Seigneur Jésus (Actes 20:28). Nos sommes frères et sœurs (Actes 15:3, 23).

Elle est un seul et même troupeau (Actes 20:28).

Elle est aussi l'Epouse, Jésus étant l'Epoux (Ephésiens 5:25-27; 2 Corinthiens 11:2).

Ayant endormi Adam, Dieu tira Eve de l'une de ses côtes (Genèse 2:21-24), et de la même manière, pendant que le Seigneur Jésus était endormi du sommeil de la mort, du sang coula de son côté, rachetant son Eglise, son Epouse (Actes 20:28).

L'Eglise était un mystère dont Paul reçut la révélation (Ephésiens 3:3-6).

Elle est pour les Juifs et pour les Gentils (1 Corinthiens 10:32; Romains 1:16).

L'ensemble des enfants de Dieu représente une seule et même nation (Colossiens 3:11; 1 Pierre 2:9; Galates 3:28).

Notre Père est d'En-Haut (Ephésiens 2:12-15; Philippiens 3:20).

La construction de l'édifice a déjà commencé (Actes 2:47; Ephésiens 2:20).

Il n'existe qu'une seule tribu (2 Corinthiens 6:18).

Le Corps de Christ, qui est son Eglise, continue à s'accroître (Ephésiens 4:16).

Il tire sa croissance de l'enseignement (Marc 16:15-16), de la prière (Luc 10:2; Psaume 2:8) et de la générosité des membres (Romains 10:15).

Les églises visibles, comme dans 1 Thessaloniciens 2:14 et 2 Corinthiens 8:1

L'église est là où deux ou trois personnes sont rassemblées au Nom du Seigneur (Matthieu 18:16-20).

Elle a toute autorité en ce qui concerne l'acceptation du bien et le rejet de ce qui n'en vaut pas la peine (Matthieu 16:19; Jean 20:23; 1 Corinthiens 5:2-13; 2 Corinthiens 2:6-8).

Elle a le droit d'empêcher l'erreur de se glisser en son sein (1 Corinthiens 14:40; 5:13).

Elle peut aussi rejeter tout ce qui ne sera pas source de bénédiction (1 Corinthiens 14:40; Tite 1:11).

Nous sommes baptisés du Saint-Esprit afin de remplir notre rôle dans l'église (1 Corinthiens 12:13; 14:12).

Les croyants reçoivent aussi des dons spirituels de la part du Christ ressuscité afin de pouvoir servir dans l'église (1 Corinthiens 12:28; Ephésiens 4:11-12).

L'organisation de l'Eglise nous est montrée dans Philippiens 1

Nous avons ici les apôtres (Paul et Timothée), les saints, les évêques et les diacres. Quels que soient les autres postes et responsabilités dans les organisations humaines, on ne peut les trouver dans la Parole de Dieu.

LES APOTRES. Ils sont les messagers de Dieu (Jean 13:16; Romains 10:14-15; 2 Corinthiens 8:23).

Ils représentent aussi le fondement de l'Eglise (Ephésiens 2:19-22; 4:11-13).

A l'origine, on en comptait douze (Matthieu 10:1-5; Apocalypse 21:14).

D'autres s'ajoutèrent à leur nombre (Actes 14:14; Romains 16:7; 2 Corinthiens 8:23; Philippiens 2:25; Ephésiens 4:11).

Certains sont malheureusement des imposteurs, des menteurs (Apocalypse 2:2; 2 Corinthiens 11:13).

On peut les reconnaître à leurs œuvres qui sont mauvaises (2 Corinthiens 11:15; Matthieu 7:15-20).

Les quatre signes de tout apôtre authentique sont les suivants:

    (a) Beaucoup sont sauvés grâce à leur témoignage (1 Corinthiens 9:2; Romains 15:16-21).

    (b) Ils souffrent et sont souvent persécutés (1 Corinthiens 4:9-13).

    (c) Ils établissent des églises (1 Corinthiens 9:2).

    (d) Signes et prodiges les accompagnent (2 Corinthiens 12:12; 2 Corinthiens 10:5).

Les apôtres ou missionnaires sont ceux qui ont été mis à part pour l'œuvre de Dieu (Psaume 4:3; 2 Corinthiens 1:21; Galates 1:1; Romains 1:3-5; 2 Corinthiens 10:17-18).

Les vrais apôtres prêchent la Parole de Dieu (Jean 3:34).

Ils plaisent à Dieu qui les a envoyés (Proverbes 25:13).

Ils ont pour charge d'édifier l'Eglise et non de l'abattre (2 Corinthiens 10:8).

Ce sont les églises qui prennent soin des apôtres (2 Corinthiens 11:8; Philippiens 4:15).

Ils peuvent cependant travailler de leurs propres mains afin d'acheter leur nourriture, etc. (1 Corinthiens 4:12; 1 Thessaloniciens 2:9; Actes 20:33-35).

L'ouvrier mérite son salaire (1 Timothée 5:18; 1 Corinthiens 9:11).

Les apôtres peuvent être envoyés par Dieu (Romains 1:5) ou par l'Eglise (2 Corinthiens 8:23).

Les caractéristiques de leur apostolat parmi les Juifs nous sont données dans Matthieu 10:5 à 20, et voici ce que leur dit Jésus en les envoyant dans le monde: Luc 22:35-38 et Matthieu 28:18-20.

Etant missionnaires, ils ont toute autorité grâce aux ordres qui leur sont donnés: 1 Corinthiens 16:1; 2 Thessaloniciens 3:4; 1 Timothée 4:11; Hébreux 13:17.

LES ANCIENS. Certains d'entre eux sont choisis afin de veiller sur l'église (Tite 1:5; 2:6).

Les femmes âgées ont également un rôle à jouer (Tite 2:3-5).

Les anciens prient pour les malades (Jacques 5:1-4).

Les apôtres étaient déjà des anciens (1 Pierre 5:1; 2 Jean 1).

LES EVEQUES. Leurs attributs nous sont décrits dans 1 Timothée 3:1-7, et dans Tite 1:7-9.
Il leur est demandé de «faire paître le troupeau de Dieu» (1 Pierre 5:1-4).
Ils doivent nourrir les chrétiens en leur apportant la Parole de Dieu (Actes 20:28).
Ils doivent être respectés (1 Thessaloniciens 5:12; 1 Timothée 5:17-22).
Il faut leur obéir (Hébreux 13:7, 17).
Voici en quoi consiste leur tâche: 1 Pierre 5:1-5 et Actes 20:18-35.
Dieu met en eux le désir d'aspirer à une telle tâche (1 Timothée 3:1).
Le Saint-Esprit les y contraint (Actes 20:28).
Les apôtres sont ceux qui les désignent (Tite 1:5).
L'église signifie son approbation par un vote à main levée (Actes 14:23).
Il leur arrive de travailler de leurs mains afin de favoriser l'expansion de l'œuvre de Dieu (Actes 20:35; 1 Pierre 5:2), mais s'ils enseignent la Parole, ils méritent leur salaire (1 Corinthiens 9:6-14; 1 Timothée 5:17).

Les femmes dans l'Eglise

Il leur est demandé de ne pas bavarder entre elles ou d'interrompre la rencontre (1 Corinthiens 14:34-35).
Chez elles, elles doivent se montrer soumises à leur mari (1 Timothée 2:9-13).
Il leur est permis de prier ou de prophétiser si elles ont la tête couverte (1 Corinthiens 11:3-6; Actes 2:17).
Elles peuvent le faire uniquement avec l'assentiment des hommes. «… Comme le dit aussi la Loi» (1 Corinthiens 14:34; Nombres 30:3-16).
Elles devraient annoncer l'Evangile (Psaume 68:11; Philippiens 4:3) et aussi aider leurs enfants dans leur travail (Marc 15:41; Actes 9:39; 1 Timothée 5:10).
Elles peuvent enseigner des personnes individuelles (Actes 18:26).
Elles ont un ministère parmi les femmes plus jeunes (Tite 2:4-5).

Les diacres ou serviteurs de l'Eglise

Le Seigneur Jésus Lui-même prit la forme d'un serviteur (Matthieu 20:28; Philippiens 2:7).
Les diacres devraient être prêts à servir, à aider les gens dans leur corps et dans leur âme (1 Timothée 4:6; Actes 6:1-3).
Leurs qualifications nous sont données dans 1 Timothée 3:8-13.
Ils doivent faire preuve de diligence dans leur travail (1 Timothée 4:6; 1 Corinthiens 16:15; Romains 12:7).
On pourra noter leur croissance dans la vie spirituelle (1 Timothée 4:15).
Leur tâche consiste à assister les « évêques » ou frères responsables (Actes 13:5).

Les dons du Saint-Esprit

Les croyants ont tous l'Esprit de Christ (Romains 8:9), c'est-à-dire la nature de Christ (Philippiens 1:19).
C'est Lui qui les a amenés à la nouvelle naissance (Jean 3:5-6).
Beaucoup de croyants n'ont cependant jamais reçu le Saint-Esprit (Actes 8:15-16; 9:17; 19:6; Jude 19; Ephésiens 1:13).
Les gens de ce monde peuvent recevoir Christ (ils naissent alors de nouveau, selon Jean 1:12), mais seuls les enfants de Dieu peuvent recevoir le Saint-Esprit (Jean 14:17; Luc 11:13).

Au moment où Christ était sur la terre, le Saint-Esprit n'avait pas encore été répandu (Jean 7:39).

Il était AVEC EUX mais pas EN EUX (Jean 14:17).

Sous l'Ancienne Alliance, Dieu pouvait retirer son Esprit (Psaume 51:11-13; 1 Samuel 16:14).

Aujourd'hui, Il nous est donné afin de demeurer avec nous pour toujours (Jean 14:16; Ephésiens 5:18). Dieu ne se repent jamais des dons qu'Il a distribués (Romains 11:29).

L'Esprit est le sceau de Dieu sur ses enfants (Ephésiens 1:13-14; 4:30).

Le Seigneur Jésus Lui-même n'entra pas dans son ministère terrestre sans avoir reçu le Saint-Esprit (Luc 3:22; 4:18-21).

Qu'est-ce qui est accompli par le don du Saint-Esprit?

Etant le Consolateur, l'Esprit nous apporte réconfort et soutien (Jean 14:16).

Il est l'Esprit de vérité et nous assure de la réalité de la Parole de Dieu (Jean 14:17).

Il nous apporte la puissance d'En-Haut (Luc 24:29).

Il nous aide à adorer Dieu (Jean 4:22-24; 1 Corinthiens 14:15; Actes 2:11).

Il est venu afin de glorifier le Seigneur Jésus (Jean 15:26; 16:14).

Il nous aide dans nos prières (Romains 8:26-27; Jude 20).

Nous chantons dans l'Esprit (Ephésiens 5:18-19).

Il nous accorde sa puissance dans la prédication de l'Evangile (Actes 1:8; Romains 15:19; 1 Pierre 1:12; Luc 4:14, 18-21; Luc 24:48-49; Hébreux 2:4).

Il fait de nous des fleuves vivants de sa bénédiction (Jean 7:37-39).

Il apporte la conviction dans le cœur des inconvertis (Jean 16:8; Actes 2:37; 1 Corinthiens 14:24-25).

Il édifie l'Eglise (1 Corinthiens 12:13; 14:12; Actes 6:3).

Il nous rappelle ce que Christ a dit (Jean 14:26).

Il nous aide à vaincre les désirs de la chair (Galates 5:16-25).

Il répand en nous les dons spirituels (1 Corinthiens 12:4-11; Ephésiens 4:7-11).

Il nous fortifie dans notre corps (Romains 8:11).

Il nous conduit dans l'accomplissement de la volonté de Dieu (Romains 8:2-6; Galates 5:22-25; Hébreux 9:14).

Il éveille en nous l'espérance du retour de Christ (Galates 5:5).

Il est les prémices de notre héritage (Romains 8:23; Ephésiens 1:13-14).

Il représente les arrhes des bénédictions à venir (2 Corinthiens 1:22; 5:5).

A qui l'Esprit est-Il donné?

Ceux dont le cœur n'est pas droit n'ont aucune part à cette bénédiction (Actes 8:21).

Les gens de ce monde ne peuvent le recevoir (Jean 14:17).

Il est donné à ceux qui le désirent et qui ont soif de Lui (Jean 7:37-39).

Il est accordé à ceux qui croient en Lui (Jean 7:37-39).

Dieu l'accorde à ses enfants qui le Lui réclament (Luc 11:11-13).

Il le donne à ceux qui Lui obéissent (Actes 5:32).

Il le donne à ceux dont le cœur a été purifié (Actes 15:9).

Comment savons-nous que le Saint-Esprit est venu?

Ceux qui ont reçu l'Esprit se mettent à louer Dieu en d'autres langues (Actes 3:4; Actes 10:45-46; 11:17; 19:6).

Ils manifestent les fruits de l'Esprit (Galates 5:22-23).

Le don des langues est une chose différente; tous ne le reçoivent pas (1 Corinthiens 12:30).

Les dons spirituels

Le Saint-Esprit Lui-même est le don que nous offre le Christ ressuscité (Actes 2:33).
L'Esprit a cependant des dons pour chaque chrétien individuel (1 Corinthiens 12:7-11).
Ces dons diffèrent (Romains 12:6-8).
Ils sont accordés selon la décision de l'Esprit (1 Corinthiens 12:11; Hébreux 2:4).
Il est bon de désirer les dons de l'Esprit (1 Corinthiens 12:31).
Tous sont accordés en vue de notre édification et de celle de l'Eglise (1 Corinthiens 14:4).
Nous avons ici l'image du corps formé de plusieurs membres et qui est pourtant complet (1 Corinthiens 12:27; Romains 12:4-5; 1 Corinthiens 10:17; Ephésiens 4:16; Colossiens 1:18-24; 2:19; Romains 12:6-15; Ephésiens 4:11).

Les apôtres sont ceux qui annoncent l'Evangile afin d'établir de nouvelles églises (Ephésiens 2:20; 1 Corinthiens 9:2). Il y a cependant de faux apôtres, des menteurs (2 Corinthiens 11:13; Apocalypse 2:2, 7, 20).

Les prophètes sont ceux qui expriment des paroles qui ne sont pas issues de leur propre intelligence (Jean 11:52; 2 Pierre 1:21).
Ce qu'ils disent frappe le cœur des non-croyants (1 Corinthiens 14:24-25).
Le fardeau de leur message est le témoignage de Jésus (Apocalypse 19:10).
Ils édifient l'Eglise (1 Corinthiens 14:3-5).
Ils ne peuvent dire aux gens ce qu'ils doivent faire; ils n'ont aucune autorité en la matière. Dans Actes 21:11, par exemple, Dieu envoie Paul à Jérusalem. Paul a décidé, sous la direction de l'Esprit, de se rendre dans cette ville (Actes 19:21). Les prophètes font ensuite l'erreur de chercher à l'en dissuader (Actes 21:4, 12). Paul a raison lorsqu'il rejette leur conseil (Actes 21:13-15). Quelle calamité lorsqu'un homme suit les ordres d'une fausse prophétie! Nous le voyons dans 1 Rois 13:7-26.
La prophétie doit être à la mesure de notre foi (Romains 12:6).
Ne méprisons pas la prophétie. Cherchons toutefois à déterminer si elle profitable ou pas (1 Thessaloniciens 5:20-21).
Nous ne sommes pas appelés à obéir à toute prophétie de manière aveugle (1 Corinthiens 14:29).
Aucune prophétie authentique est en contradiction avec la Parole de Dieu (Esaïe 8:20; Deutéronome 17:19; 18:20-22; Marc 10:26; 16:29-31; Psaume 19:7-8; Jérémie 8:9; Matthieu 22:29).
Les prophètes devraient être soumis les uns aux autres dans l'église (1 Corinthiens 14:32).
Les femmes peuvent aussi prophétiser si elles ont la tête couverte (1 Corinthiens 11:5).
Celui dont les paroles ne sont pas en accord avec les Ecritures est un faux prophète (Esaïe 8:20).
Ne respectons pas de tels hommes, et ne leur obéissons pas non plus (Matthieu 7:15; 24:11; 2 Pierre 2:1; Apocalypse 2:20).

Les pasteurs et «docteurs» (enseignants)

Il semble que les deux ministères soient combinés (Ephésiens 4:11) afin de conduire le troupeau dans les pâturages de la Parole de Dieu (Actes 20:26-32). Le travail de ces hommes est d'une grande importance (1 Timothée 5:17; Jacques 3:1). Ils ne doivent pas servir en vue d'un gain personnel mais par amour pour le Seigneur (1 Pierre 5:2; Actes 20:33-35; Jean 21:15-17).

La Parole de sagesse: 1 Corinthiens 12:8

C'est un don accordé à quelqu'un qui doit s'exprimer clairement et de manière appropriée (Actes 7:10).

Il permet de régler certaines questions (Actes 6:3).

Il favorise le maintien de bonnes relations avec ceux de l'extérieur (Colossiens 4:5; Luc 21:15; Actes 6:10).

C'est une sagesse utile dans la prédication de l'Evangile (Colossiens 1:28; Matthieu 13:54).

Cette sagesse nous aide dans notre vie chrétienne et dans la façon de nous comporter (Jacques 1:5; 3:17).

La Parole de connaissance: 1 Corinthiens 12:8

Ce don nous montre comment vivre pour Dieu (2 Corinthiens 2:14; Ephésiens 3:19).

Il est accordé dans l'enseignement de ce qui touche à notre foi (Romains 15:14; 1 Corinthiens 1:5; 2 Corinthiens 8:7; Colossiens 2:3).

Une instruction est soudain donnée touchant au comportement du chrétien (1 Pierre 3:7).

La foi est une confiance absolue en la Parole de Dieu (2 Pierre 1:4 et l'ensemble du chapitre 11 des Hébreux).

Les dons de guérison des malades: 1 Corinthiens 12:9

Ces dons sont d'une grande utilité pour celui qui prêche l'Evangile (Actes 8:6-7).

Personne ne possède le don de guérir tous les malades sans distinction (Matthieu 13:58; 1 Corinthiens 3:17; 11:30; Jacques 5:16).

Tous les croyants et les frères responsables, dans l'assemblée, ont le droit de prier pour les malades (Marc 16:18; Jacques 5:14).

La prophétie. Voyez ce qui a été dit plus haut au sujet des prophètes.

Les miracles: 1 Corinthiens 12:10

Ce sont des signes venant confirmer la prédication de la Parole (Marc 16:16-20; Hébreux 2:4; Jean 14:12; Actes 2:22; 5:12-15; 19:11-12).

Le discernement des esprits: 1 Corinthiens 12:10

Ils sont là afin de discerner ceux qui ne prophétisent pas dans la puissance de l'Esprit mais suivent leur propre cœur (Jérémie 23:16; Ezéchiel 13:2-6).

Les idées de ces gens ne correspondent pas à ce qu'enseigne la Parole de Dieu (1 Jean 4:1-6; 2 Thessaloniciens 2:9).

Ces gens ont aussi un comportement qui n'est pas bon (Matthieu 7:15-23; 2 Corinthiens 11:13-15).

On peut discerner ce qui différencie le juste et le coupable (1 Jean 3:4-10; Actes 5:3; 8:23; 16:16-18).

Diverses sortes de langues et leur interprétation: 1 Corinthiens 12:10; 13:1; le chapitre 14 tout entier

Ces dons ne sont pas destinés à la prédication mais plutôt à la louange (1 Corinthiens 14:2; Actes 2:11).

Le signe des langues nouvelles, (ou «parler en langue» N.d.t.), montre que le Saint-Esprit est venu (Marc 16:17; Actes 2:4; 10:45-46; 19:6).

Le don des langues est cependant réservé à quelques-uns seulement (1 Corinthiens 12:30).

Les langues ne sont pas destinées à être utilisées dans l'église, à moins qu'elles soient interprétées (1 Corinthiens 14:2, 5).

Celui qui prophétise édifie l'église mais celui qui parle en langues s'édifie lui-même (1 Corinthiens 14:1-19).

La prophétie et les langues cesseront lors du retour de Jésus (1 Corinthiens 13:8-12).

A ce moment-là, toutes les tribus et les races de la terre jouiront d'une langue commune (Sophonie 3:9, comme c'était le cas au début (Genèse 11:1).

La polygamie

Au début, Dieu créa un homme et une femme (Genèse 2:21-25).

Le premier à prendre une seconde épouse pendant que la première était encore en vie était Lémek (Genèse 4:19) dont le nom signifie «celui qui rejette», cet homme ayant rejeté la volonté de Dieu.

L'homme est appelé à quitter son père et sa mère afin de s'attacher à sa femme, c'est-à-dire son UNIQUE épouse (Matthieu 19:3-6).

Dieu ordonne même aux rois de ne pas avoir un grand nombre de femmes (Deutéronome 17:17).

Abraham tomba à cause de ce problème-là (Genèse 16:3).

Esaü, quant à lui, fut source de chagrin pour son père et pour sa mère (Genèse 26:34-35).

Gédéon, lui, abandonna le chemin de Dieu (Juges 8:30).

Elqana introduisit l'amertume dans son foyer (1 Samuel 1:2).

Absalom se révolta (2 Samuel 3:3).

Salomon fit fausse route à cause de la polygamie (1 Rois 11:3-4).

Elle causa la chute de Roboam (2 Chroniques 11:18 – 12:2).

Ne méprisez pas votre première épouse en en prenant une seconde (Malachie 2:15).

Le mari chrétien devra rester avec son épouse, et l'épouse chrétienne demeurera auprès de son mari (1 Corinthiens 7:2).

Un homme ne pourra être évêque qu'à la condition d'avoir épousé une seule femme (1 Timothée 3:2, 12; Tite 1:6).

Le mariage

«Que le mariage soit honoré de tous, et le lit conjugal exempt de souillure. Car Dieu jugera les débauchés et les adultères» (Hébreux 13:4).

Le chrétien ne devrait pas épouser une personne qui n'est pas au Seigneur (2 Corinthiens 6:14-17).

La première bénédiction de la Parole de Dieu se trouve dans Genèse 1:28 où il est dit: «soyez féconds, multipliez-vous et remplissez la terre.»

Le premier miracle que notre Seigneur accomplit ici-bas eut lieu lors du mariage de Cana (Jean 2:1-11).

C'est Dieu Lui-même qui joint un homme à sa femme. Il ne s'agit pas de l'œuvre d'un humain (Matthieu 19:6).

Nul ne devrait abandonner son mari ou sa femme afin d'épouser quelqu'un d'autre, étant donné que le mariage doit durer une vie entière (Romains 7:1-3).

L'infidélité crée cependant une exception à cette règle (Matthieu 5:31-32).

La femme est appelée à aimer son mari et à lui être soumise (Ephésiens 5:22-24; Colossiens 3:18; 1 Pierre 3:1-6).

Le mari, lui, doit chérir sa femme et prendre soin d'elle, sachant qu'elle n'est pas aussi forte que lui (Ephésiens 5:25-33; Colossiens 3:19; 1 Pierre 3:7; 1 Corinthiens 7:3).

Lisez ce qui nous est dit concernant l'attitude du couple chrétien dans son comportement l'un à l'égard de l'autre (1 Corinthiens 7:3-5).

Les conjoints sont appelés à prier ensemble, à persévérer dans la foi, dans l'amour et la sanctification. Ils n'auront alors rien à craindre au moment de la naissance de leurs enfants (1 Timothée 2:11-15; 1 Pierre 3:7).

Les enfants sont une bénédiction de Dieu (Deutéronome 7:13; Psaume 127:3-5; 128:1-6).

Si certains restent célibataires en vue de l'œuvre de Dieu, c'est pour eux un choix personnel (Matthieu 19:12; 1 Corinthiens 7:25-38).

Il est cependant très bon de se marier (1 Timothée 5:14; Proverbes 18:22).

Enfants et parents

Les enfants doivent obéir à leurs parents et les respecter (Ephésiens 6:1-3; Colossiens 3:20; Proverbes 10:1; 15:20).

Que les parents, eux, élèvent leurs enfants avec amour et sans colère (Ephésiens 6:4; Colossiens 3:21; Tite 2:4).

Ils feront confiance à Dieu en ce qui concerne le salut de leur famille (Actes 16:31).

Les parents doivent enseigner régulièrement la Parole de Dieu à leurs enfants (Deutéronome 6:7; Psaume 71:17; 78:4-7; 2 Timothée 1:5; 3:15; Proverbes 22:6; Psaume 34:11).

Lorsque les enfants s'égarent, les parents doivent les corriger (Hébreux 12:7-10) et les ramener à la soumission (1 Timothée 3:4), même si un acte de discipline est nécessaire (Proverbes 13:24; 22:15; 23:13).

L'enfant qui n'est pas corrigé est un sujet de honte pour ses parents (Proverbes 29:15; 1 Samuel 3:13).

Est-il possible qu'un enfant ne suive pas l'exemple de ses parents? (2 Chroniques 17:3; 26:4; Jérémie 9:14; Matthieu 14:8; 2 Timothée 1:5).

Si vous jetez le discrédit sur une femme qui ne peut avoir d'enfants, vous vous attaquez à Dieu Lui-même (1 Samuel 1:2, 6).

Les enfants sont en effet un don de Dieu (Genèse 48:9; Psaume 113:9; 127:3).

Ils sont une vraie bénédiction! (Psaume 127:4-5, 128:3; Proverbes 17:8).

Il est bon d'amener les enfants dans l'assemblée (ou la maison de Dieu) (Josué 8:35; Néhémie 12:45; Mathieu 21:15).

Il est bon de les présenter au Seigneur (Matthieu 19:14; Luc 2:49).

NOTE: la Bible ne nous dit RIEN concernant l'aspersion de quelques gouttes d'eau sur le front d'un bébé, ce que l'on appelle «le baptême des enfants.»

Il faut que les enfants respectent leurs anciens (Lévitique 19:32; Proverbes 16:31; 1 Pierre 5:5).

Celui qui ne respecte pas ses parents ne peut s'attendre à la bénédiction de Dieu (Exode 21:15; Proverbes 28:24; 30:17).

Mais quelle joie un enfant sage apporte à ses parents! (Proverbes 15:20; 23:24).

L'attitude du chrétien vis-à-vis des autorités

N'oublions pas que l'autorité de ces gens leur vient de Dieu (Romains 13:1). Dieu est Celui qui établit les rois ou qui les fait déchoir (Daniel 4:32; 5:18-23), même ceux qui ne sont pas à la hauteur de leur tâche (Daniel 4:17; Job 9:24; Jérémie 27:5-8; Daniel 2:21).

Celui qui résiste aux autorités résiste à ceux que Dieu a choisis (Romains 13:2-5; Proverbes 24:21; Ecclésiaste 8:2-5).

Il mérite par conséquent de souffrir (Romains 13:4).

Nul d'entre nous ne doit dire du mal des autorités (Actes 23:5; Jude 8).

Obéissons-leur au contraire avec empressement (Tite 3:1).

Soyons prêts à leur rendre l'honneur qui leur est dû (Romains 13:7).

Respectons-les (1 Pierre 2:13-17; Matthieu 22:21).

Prions sans cesse pour les autorités afin de pouvoir vivre une vie tranquille dans la piété (1 Timothée 2:1-2).

Croyants, vous êtes un exemple. Montrez-le par vos bonnes œuvres afin que ceux qui s'opposent à vous en soient honteux, n'ayant rien à vous reprocher (Tite 2:7-8). D'autres le verront aussi et se tourneront vers Dieu (1 Timothée 4:16; 2 Thessaloniciens 3:9).

Evitons quiconque se rebelle de peur d'être entraînés dans ses voies (Hébreux 4:11; 2 Pierre 3:17).

Demeurez dans un esprit de soumission malgré la persécution (Jacques 5:10).

Il est préférable de souffrir en étant dans la volonté de Dieu que de faire le mal (1 Pierre 3:15-17; 1 Pierre 2:20-23).

Que le troupeau, qui est l'Eglise de Dieu, imite ses conducteurs spirituels dont l'exemple est bon (1 Pierre 5:1-4).

L'attitude du chrétien dans son travail

Dieu n'accorde pas la préférence aux riches et aux sages. Les premiers apôtres étaient considérés comme des gens ignorants et sans instruction (1 Corinthiens 1:26-28; Actes 4:13).

Le Seigneur Lui-même était un artisan (Marc 6:3).

Nous, messagers du Seigneur, avons laissé un exemple en travaillant de nos propres mains (1 Corinthiens 4:12; Actes 20:34).

Nous n'avons pas l'amour de l'argent, ce qui est à la racine de tout mal (1 Timothée 6:10).

Evitons la convoitise, sachant que la vie d'un homme ne dépend pas de ses biens (Luc 12:15). L'avarice est une idolâtrie (Colossiens 3:5).

Certains possèdent une idole sculptée dans le bois ou dans de la corne. D'autres adorent leur porte-monnaie, leur portefeuille! (Actes 8:20; Josué 7:21; Matthieu 26:15.)

Nous travaillons afin de pouvoir aider ceux qui sont dans le besoin (Ephésiens 4:28), et aussi pour que d'autres trouvent le salut; après notre mort, nos convertis nous accueilleront dans notre demeure éternelle (Luc 16:9).

Notre cœur n'est pas attaché à des choses périssables mais à ce qui est éternel (Jean 6:27).

Si quelqu'un refuse de travailler, qu'il ne mange pas non plus (2 Thessaloniciens 3:10).

Travaillons paisiblement; mangeons notre propre nourriture (2 Thessaloniciens 3:12), et cela afin que les démunis n'aient rien à nous reprocher (1 Thessaloniciens 4:11-12).

Que les ouvriers se soumettent à leurs maîtres avec respect, comme ils le feraient pour Christ, et cela non seulement en leur présence mais aussi derrière leur dos (Ephésiens 6:5-6; Colossiens 3:22). Ceci permettra au message de l'Evangile d'être également respecté (Tite 2:9-10; 1 Timothée 6:1-3).

Notre Seigneur nous avertit concernant ceux qui ne sont pas satisfaits de leur salaire alors qu'ils l'ont pourtant accepté avant de se mettre à la tâche (Matthieu 20:13-15).

Le précurseur de Christ demande aussi aux soldats de se contenter de leur paie (Luc 3:14).

Si le riche prive son serviteur de ce qui lui est dû, qu'il s'attende à la colère à venir. Quant au serviteur, il peut demeurer tranquille jusqu'au retour du Seigneur qui, Lui, règlera les comptes (Jacques 5:1-8).

Le monde

Le monde appartient à Dieu (Psaume 24:1).

Les habitants du monde sont aussi à Lui (Ezéchiel 18:4; Romains 14:8).

Les animaux sont à Dieu (Psaume 50:10), ainsi que les richesses de la terre (Aggée 2:8).

Satan s'est toutefois rebellé (Ezéchiel 28:15-19; Esaïe 14:4-19; Jean 16:11).

Les hommes ont suivi Satan dans sa rébellion (Genèse 3:6).

Nous avons tous suivi le monde et rejeté Dieu (Ephésiens 2:2).

Les voies du monde, les voici: Psaume 55:9; Proverbes 4:17.

A l'heure présente, le monde entier est sous la domination du Méchant (Luc 4:9; 2 Corinthiens 4:3-4; 1 Jean 5:19).

Le monde est attiré par ce qui captive la chair, les yeux et l'orgueil de la vie (1 Jean 2:16).

Le monde entier est déchu (Romains 3:19).

Ce monde et ses convoitises est cependant destiné à périr (Psaume 102:25-26; 1 Corinthiens 7:31; 2 Corinthiens 4:18; 2 Pierre 3:10; Apocalypse 21:1).

La grandeur de la terre est en train de se dissiper (Nombres 22:17; Psaume 49:12, 17; Esaïe 5:14; Jean 5:44; 1 Pierre 1:24; 1 Jean 2:17).

Les bénédictions de ce monde se désintègrent (Psaume 37:35-36; 73:3; Jérémie 5:28-29; 12:1; Luc 12:19-20).

L'abondance de ce monde ne suscite qu'une grande faim dans le cœur (Psaume 17:10; Ezéchiel 16:49; Luc 6:25; Apocalypse 3:17).

La sagesse de ce monde est vaine. (Esaïe 29:14; Jérémie 4:22; Romains 1:22; 1 Corinthiens 3:19-20; 1 Corinthiens 1:21; Jacques 3:15).

La crainte du Seigneur est le commencement de la véritable sagesse (Psaume 111:10; 1 Corinthiens 1:23-25; 1 Corinthiens 2:4-8).

Notre cœur doit être établi sur ce qui appartient au Royaume de Dieu (Esaïe 55:2; Jean 6:27; Matthieu 6:33).

La mondanité détruit ce qui est de Dieu dans notre cœur (Matthieu 13:22; 1 Corinthiens 7:32-33; Ephésiens 2:2; 2 Timothée 4:10; Jacques 4:4).

L'Esprit que reçoivent les enfants de Dieu n'est pas de ce monde (1 Corinthiens 2:12).
Les enfants de Dieu sont morts à ce qui est du monde (Galates 6:14; Colossiens 3:2-3; 2:20).
Ils ne suivent pas les coutumes de ce monde (Romains 12:2; Galates 6:14; Colossiens 2:8; 2 Timothée 2:4; Jacques 1:27; 1 Jean 2:15).
Les chrétiens se séparent de ce qui est d'ici-bas (Esaïe 52:11; Jean 15:19; 17:6-9; Actes 2:40; Ephésiens 5:11).
Ils ne désirent pas les choses de ce monde (Matthieu 16:26; Luc 21:19; Colossiens 3:20;
Leur conversation ne porte pas sur les choses de la terre (1 Jean 4:5-6; Malachie 3:16).
Le Seigneur Jésus est venu comme la lumière du monde (Jean 8:12; 9:5; 12:46).
Les chrétiens, eux aussi, apportent la lumière ici-bas (Matthieu 5:14; 26:13; Marc 16:15; Philippiens 2:15).
Le monde persécutera les enfants de Dieu (Jean 15:18-19; 16:33; 17:14; 1 Jean 3:13).
Le royaume de notre Seigneur n'est pas de ce monde (Jean 18:36).
Les chefs de ce monde ont tué le Seigneur (1 Corinthiens 2:8).
Dieu aime le monde et Il a envoyé son Fils afin de le racheter (Jean 1:29; 4:42; 6:35, 51; 12:47; 2 Corinthiens 5:19; Galates 1:4; Jean 3:16).
Les chrétiens triomphent du monde par leur foi (Jean 5:4-5), parce que Celui qui est en nous est plus grand que celui qui est dans le monde (Jean 16:33; 1 Jean 4:4).
Notre Seigneur reviendra afin de reprendre une fois de plus le monde qui Lui appartient (Jean 12:31; 1 Corinthiens 15:25; Apocalypse 11:15; 12:10).

La mort. Pourquoi les hommes meurent-ils?

Les premiers hommes vécurent, certains, plus de 900 ans. Durant la période qui sépare le Déluge et la Tour de Babel, ils vécurent environ 450 ans puis, jusqu'au temps d'Abraham, on ne comptait plus que 210 ans. Aujourd'hui, les gens vont jusqu'à 70 ans et plus (Galates 2:17; 3:22-23; Psaume 90:10).
La Loi nous montre que les conséquences du péché sont la mort (Romains 6:23; 2 Corinthiens 3:7).
La mort survient parce que les hommes ont enfreint les commandements de Dieu (Ezéchiel 18:20, 27; Romains 10:5).

Qu'est-ce que la mort?

Le corps d'Adam resta en vie mais l'âme de cet homme mourut le jour où la Loi de Dieu ne fut plus respectée (Genèse 2:17). Son corps mortel périt à son tour un peu plus tard (Genèse 5:5).
Le non croyant est mort, même si son corps est vivant (Jean 6:53; Ephésiens 2:1; Colossiens 2:13; 1 Timothée 5:6; 1 Jean 3:12).
La mort est une séparation (Jacques 2:26).
La seconde mort est une séparation éternelle, loin de Dieu (Matthieu 7:23, 25, 41-46; Jean 8:12; Apocalypse 20:12-15; 21:8, 27; 22:15).
Nul ne peut cependant mettre une séparation entre Dieu et son enfant (Romains 8:38-39).
La vie sera liée éternellement à celle du Seigneur de la vie (Jean 14:6; Colossiens 3:4).

Même au moment de la mort, l'homme continue à exister

Voici quelques versets à ce sujet: Matthieu 12:40; Luc 16:19-31; 23:43; Jean 13:36; 14:2; 2 Corinthiens 5:8; 12:2-4; Éphésiens 4:8-10; Philippiens 1:23; 1 Thessaloniciens 4:14; Hébreux 9:27; 10:26-27; 2 Pierre 2:9; Apocalypse 6:9-10; 14:13.

La mort est la destruction de notre tente (2 Corinthiens 5:1; 2 Pierre 1:14).

On s'en va (Job 16:22).

L'esprit est remis à Dieu (Luc 23:46).

C'est le dernier ennemi qui doit être vaincu par Christ (Romains 5:12; 1 Corinthiens 15:25-26; 2 Timothée 1:10).

Que se passe-t-il au moment de la mort du juste?

On entre dans la présence du Père (Jean 14:2; 2 Corinthiens 5:8).

Il y a le Pays de la Promesse (Hébreux 11:13-16).

On découvre une cité (2 Corinthiens 12:4) avec ses jardins (le Paradis) (Hébreux 11:10, 13-16; Apocalypse 2:7; Apocalypse 21:2).

Il y a lumière et beauté (Apocalypse 21:23; 22:5).

La connaissance est pleinement développée (1 Corinthiens 13:12).

On se repose de ses labeurs ou travaux (Apocalypse 14:13; 21:4).

On sert Celui qu'on aime (Apocalypse 7:15; 22:3). Il y a là joie (Apocalypse 21:4), communion entre rachetés (Hébreux 12:23-24; 1 Thessaloniciens 4:13-18) et communion avec Christ (Jean 14:3; 2 Corinthiens 5:8; Philippiens 1:23).

Que se passe-t-il au moment de la mort du méchant?

On entre dans des souffrances terribles (Apocalypse 20:10). C'est une situation sans espoir (Proverbes 11:7).

On est privé de tout (Luc 16:24), en proie à la honte et à l'abjection éternelles (Daniel 12:2).

Les contacts ne seront qu'entre les méchants se trouvant là (Apocalypse 21:8), et on sera également en contact avec Satan et ses subalternes (Apocalypse 20:10, 15). Il faudra faire face à l'éternité dans l'injustice et la souillure (Apocalypse 22:11). On aura des souvenirs accablants et des désirs qui ne seront jamais satisfaits (Luc 16:19-31).

Il nous est interdit de consulter les morts – Lévitique 19:31; 20:6-7; 1 Chroniques 10:13

La nécromancie ne peut influencer les morts. Seul Christ a tout pouvoir sur eux (Romains 14:9; Apocalypse 1:18).

Les morts ne peuvent envoyer des messagers aux vivants (Luc 16:29).

De tels messages proviennent d'esprits trompeurs (1 Timothée 4:1; 1 Rois 22:22).

La résurrection des morts et leur récompense

Il y aura une résurrection pour les justes et pour les méchants (Daniel 12:2; Esaïe 26:19; Jean 5:28-29; Actes 10:42; 24:25).

Tous devront rendre compte de leurs œuvres (1 Pierre 4:5; Romains 14:12).

Nous attendons la résurrection des croyants et le retour de notre Seigneur (1 Corinthiens 15:51-52; 1 Thessaloniciens 4:14-18).

La résurrection des non croyants aura lieu après le règne de Christ sur la terre, un règne qui s'étendra sur mille ans (Apocalypse 20:4-15).

Les croyants ne peuvent être condamnés (Jean 3:18; 5:24; Romains 5:1; 8:1; 1 Corinthiens 11:32).

Leurs péchés ont été pardonnés (Actes 13:38-39), Christ ayant souffert à leur place (Esaïe 53:5-6).
Les enfants de Dieu devront cependant paraître devant le Seigneur Jésus-Christ afin d'être jugés ou récompensés pour ce qu'ils auront accompli dans la chair, en bien ou en mal (2 Corinthiens 5:10; Colossiens 3:24-25; 1 Corinthiens 3:14-15).
Certains ne recevront aucune récompense mais ils seront quand même sauvés (1 Corinthiens 3:8-15; 2 Jean 8).
Notre Seigneur ne sera pas indifférent envers tout ce qui a été fait pour Lui (Matthieu 10:42; Ephésiens 6:8; 1 Corinthiens 9:24-25; Hébreux 6:10; Jacques 1:12; Apocalypse 2:10; 3:11).
Les récompenses seront remises lors du retour de notre Seigneur qui nous réunira auprès de Lui (Luc 14:14; Apocalypse 22:12; 2 Timothée 4:8; Jacques 5:7-9; Romains 14:10-13; Matthieu 10:27).
Même maintenant, les âmes de ceux qui se sont endormis sont dans la présence de Christ (2 Corinthiens 5:1-8; Philippiens 1:23). (**NOTE**: c'est le CORPS qui s'est «endormi» dans la mort. Matthieu 27:52.)
Le corps des croyants sera cependant ressuscité à son tour (1 Corinthiens 15:42-57).
Il sera ressuscité comme celui de Christ (1 Jean 3:2; Psaume 17:15).
Les âmes des non croyants, elles, se trouvent en enfer (Luc 16:22.) (**NOTE**: le corps de l'homme riche avait été enseveli; c'est son âme tourmentée qui lève les yeux vers Abraham.)
Avant la résurrection de Christ, il y avait deux sections différentes au séjour des morts: celle des justes et celle des méchants. Dans la première, les morts étaient consolés, dans la seconde ils souffraient. Il existait entre les deux un abîme infranchissable (Luc 16:22-25).
Ceux qui souffrent se trouvent en bas et ceux qui sont consolés en haut (Psaume 86:13; Esaïe 14:9).
Lorsque Christ descendit au séjour des morts, son corps resta dans la tombe (Actes 2:27).
Il fit sortir de ce lieu tous les enfants de Dieu mais y abandonna les méchants (Ephésiens 4:8-9).
Ces êtres se trouvent là encore aujourd'hui (Jude 7).
L'enfer (ou Shéol, Hadès) est en bas, au cœur de la terre (Ephésiens 4:9; Matthieu 12:40; Nombres 16:31-33).
Notre terre sera cependant détruite (Apocalypse 20:11-14; 2 Pierre 3:7-13).
L'enfer sera alors jeté dans la Géhenne, dans l'étang de feu (Apocalypse 20:14-15).
Les non croyants recevront un corps adapté à une éternité passée dans le feu de la Géhenne (Matthieu 10:28; Romains 9:22).
Ceux qui n'ont reçu qu'une infime révélation seront punis dans la même mesure (Luc 12:47-48).
Ceux qui, après avoir reçu une révélation complète, la rejettent seront punis, eux aussi, dans la même mesure c'est-à-dire sévèrement (Matthieu 23:14-15). Chacun sera jugé selon ses œuvres (Psaume 62:12; Proverbes 24:12; Jérémie 17:10; 32:19; Matthieu 16:27; Romains 2:6; Apocalypse 20:13).

Et l'œuvre la plus agréable à Dieu est que nous croyions en son Fils (Jean 6:29; 1 Jean 3:23). Celui qui refuse de croire doit périr en subissant en châtiment éternel (Jean 3:18-19; Apocalypse 21:8).

L'éternité. Le salut est uniquement en Christ – Actes 4:12

Celui qui n'a pas le Fils de Dieu n'a pas la vie (1 Jean 5:12).

Christ est le seul chemin conduisant à Dieu (Jean 14:6; 10:1, 9; Ephésiens 2:18; Hébreux 10:19).

Celui qui ne croit pas au Fils de Dieu n'a pas la vie. La colère de Dieu demeure sur lui (Jean 3:36).

Il n'y a pas de salut au-delà de la mort

L'espérance des méchants cesse au moment de la mort (Proverbes 11:7).

Celui qui persiste dans le mal sera brisé sans remède (Proverbes 29:1).

Crains la colère de Dieu de peur qu'Il ne te frappe au-delà de toute rançon (Job 36:18).

Ceux qui descendent en enfer n'ont plus le moindre espoir (Esaïe 38:18).

Ils passeront une éternité endurcis dans leur péché (Apocalypse 22:11).

L'éternité: une durée qui n'a pas de fin

Dieu est éternel (Daniel 2:44; 7:14; Esaïe 9:7; Romains 16:26).

Son pouvoir est éternel (1 Timothée 6:16). Dieu ne mourra jamais; Il ne peut mourir.

Le Saint-Esprit est éternel (Hébreux 9:14).

Notre Seigneur Jésus est éternel (Hébreux 6:20; 7:3).

Selon Luc 1:33, Son royaume n'aura pas de fin, ce qui nous est dit ailleurs en d'autres termes encore (Matthieu 25:46, etc.).

Ceux qui rejettent le Seigneur Jésus souffriront éternellement – Jude 7, Apocalypse 14:9-11, Matthieu 25:46

Ils n'auront plus la possibilité de se repentir (Matthieu 25:46).

Ceux qui s'attachent aux convoitises de la chair ne peuvent hériter le royaume de Dieu (Galates 5:19-21).

Ces gens ne pourront venir à l'endroit où se trouve le Seigneur Jésus-Christ (Jean 7:34).

Ils ne peuvent entrer dans le repos de Dieu (Hébreux 3:16).

Aucune place ne leur est destinée au ciel (Matthieu 25:41; Apocalypse 12:8).

Dieu ne leur témoignera aucune miséricorde (Esaïe 27:11).

Leur fin est la destruction (Philippiens 3:19).

Il n'y a pas de guérison pour eux (2 Chroniques 36:16; Proverbes 6:15).

Le ciel ne sera pas contaminé par le péché (Apocalypse 21:27).

Le sabbat ou septième jour. Les chrétiens sont-ils tenus de l'observer? Marc 2:27-28

Pour les Pharisiens, le fait d'observer le sabbat avait plus d'importance que la justice et l'amour (Matthieu 12:1-8).

Ces hommes désiraient tuer notre Seigneur parce qu'Il ne respectait pas le sabbat selon les règles imposées par eux (Jean 5:18). Il enseignait ce jour-là, et Il guérissait les malades (Marc 1:21; 6:2; Luc 4:16, 31).

Christ est le Seigneur du sabbat et Il a le droit de le changer (Marc 2:28).

Il le faisait fréquemment (Matthieu 12:2-8, 10; Luc 13:10; 14:1; Jean 5:1-16; 9:14-16).

Voici ce qu'Il disait: «mon Père travaille jusqu'à présent. Moi aussi, je travaille» (Jean 5:17). Or, c'était un jour de sabbat! Les Juifs cessaient de travailler lors du sabbat, mais ils n'adoraient pas non plus. Aujourd'hui, il n'existe pas de loi concernant l'observance du sabbat (Colossiens 2:16), mais il nous est demandé de nous aimer les uns les autres (1 Jean 3:23).

A l'époque de Moïse, un homme fut exécuté après avoir ramassé du bois le jour du sabbat (Nombres 15:32-36). Gardons cependant la liberté qui est la nôtre (Galates 5:1).

Le sabbat était un signe pour Israël

Voici quelques passages à ce sujet: Deutéronome 5:12-15, Exode 20:1-2, 8; 23:10-11, Lévitique 25:2-7, Ezéchiel 20:12-13, ce qui comprend aussi la septième année et la cinquantième.

Aucune loi ne fut prescrite à ce sujet dans Genèse 2:3.

La Loi gravée sur les Tables de pierre ne liait pas les Gentils (Actes 14:16; 17:30; Romains 2:14; 3:2; Deutéronome 4:8; Psaume 147:19-20.

Nous devons établir une différence entre les Juifs, les Gentils et l'Eglise de Dieu (1 Corinthiens 10:32).

Nous sommes maintenant au temps des Gentils (Luc 21:24).

Lorsque Christ reviendra chercher les saints, les sacrifices et l'observation des temps et des saisons, l'observance du sabbat: tous seront rétablis (Esaïe 56:2-7; 58:12-13; 66:22-23; Ezéchiel 46:1-3; Matthieu 24:20).

Les commandements écrits sur des Tables de pierre ne jouent plus le même rôle – 2 Corinthiens 3:7-11; Romains 10:3-9

Leur gloire était de célébrer l'ancienne création tandis que le jour du Seigneur célèbre la nouvelle, laissant le sabbat derrière lui (Matthieu 28:1).

Les chrétiens sont morts à la Loi, eux qui appartiennent au corps de Christ mort pour eux (Romains 7:1-4).

L'amour est la loi de Christ et non l'observance du sabbat (Jean 13:34; Galates 6:2, 1 Jean 2:7-10; 3:22-23).

Parmi les lois de Moïse, il en est neuf que l'Eglise doit respecter: Romains 13:8-10, Ephésiens 6:1-2, Jacques 4:12 et 1 Jean 5:21, mais il ne nous est PAS demandé d'observer le sabbat.

Nul homme n'a le droit de nous juger concernant l'observance de certains jours (Romains 14:4-13).

Il n'est pas demandé aux chrétiens d'observer le septième jour – Colossiens 2:16-17

NOTE:
 a. Dans le Nouveau Testament, le sabbat sert uniquement à désigner le septième jour.
 b. Il nous est parlé des nouvelles lunes, des jours de fête et des sabbats dans 2 Chroniques 2:4, 8:13, et également dans Nombres 28:9-11. Lisez enfin les versets 19 et 26.

Les chrétiens observent le jour de la résurrection – Colossiens 3:1

Nous sommes libres en ce qui concerne la Loi de Moïse (Romains 7:4), et nous vivons maintenant selon Actes 2:1-4, 20:7, Jean 20:19, 26, Luc 24:1 et Jean 20:26-29.

Le jour de la résurrection signifie littéralement «fin de tous les sabbats» (Matthieu 28:1; Marc 16:1). Paul profitait cependant du jour du sabbat juif pour prêcher la Parole (Actes 13:27, 42, 44; Actes 15:21; 17:2; 18:4).

Le premier jour de la semaine est présenté comme un type dans Lévitique 23:9-11, 15-17, un passage à comparer avec 1 Corinthiens 15:20.

Le sabbat d'Adam à Moïse

Après avoir créé toutes choses en six jours, Dieu se reposa le septième (Genèse 2:2-3; Exode 20:10-11), mais Il ne donna aucune loi concernant l'observance du sabbat avant le départ de l'Egypte. Le septième jour de Dieu était un jour de travail pour l'homme qui n'avait pas été créé avant le sixième jour. Moïse est celui qui donna le commandement d'observer le sabbat (Exode 16:23-30; Néhémie 9:14-15; Ezéchiel 20:10-12).

Le sabbat de Moïse à Christ

Le jour avant celui au cours duquel Moïse donna l'ordre d'observer le sabbat, Dieu conduisit les enfants d'Israël dans une longue marche d'Elim au Mont Sinaï (Exode 16:1-30).

Si le sabbat était mentionné dans les dix commandements, il ne liait en aucun cas les Gentils; seuls les Juifs étaient concernés (Exode 31:12-17).

Pendant qu'Il était sur la terre, le Seigneur Jésus observa le sabbat mais Il se trouvait constamment en opposition aux Pharisiens qui insistaient beaucoup trop sur ce sujet (Marc 2:27, etc.).

Le sabbat et l'Eglise

Après la résurrection de Christ, et encore aujourd'hui, il ne nous est pas demandé d'observer le sabbat. Aucune condamnation ne tombe sur ceux qui ne le respectent pas. L'observance de jours particuliers, de mois, de saisons, est ce qui appartient à la chair (Galates 4:9-10).

Hébreux 4:1-13 nous montre que le sabbat était le type d'un repos dont nous pouvons jouir par la foi en notre Seigneur Jésus.

Comme pour toutes les ordonnances de l'Ancien Testament, il s'agissait là d'une ombre des choses à venir. En Christ, nous goûtons à la substance (Colossiens 2:16-17).

Il est coupable de se disputer au sujet de jours à observer ou ne pas observer (Romains 14:4-6).

NOTE SUPPLEMENTAIRE: Les saints de l'Ancien Testament ne pouvaient saisir ce que serait l'Eglise. C'est Christ qui révéla les desseins de Dieu la concernant (Matthieu 16:16; 18:17). Lisez en outre les versets 13-18 du chapitre 15, et Ephésiens 3:5-9. Les croyants sont une nouvelle création (1 Pierre 2:9; 2 Corinthiens 5:17-18; Ephésiens 2:10; Galates 6:15); ils sont nés d'En-Haut (Jean 3:3) et ils reçoivent la vie qui leur vient du Seigneur Jésus (1 Corinthiens 15:45).

Les Israélites étaient circoncis le huitième jour, c'est-à-dire le premier jour d'une nouvelle semaine (Philippiens 3:5; Colossiens 2:11).

Le premier jour est une grâce alors que nous entrons dans une nouvelle semaine mais le septième était une sorte de récompense après une semaine de labeur. Cet ordre de Jésus: «... allez promptement dire ...» ne suggère pas un temps de repos; il désigne au contraire le premier jour comme le moment de se mettre en route au service du Seigneur (Matthieu 28:7).

Si le premier jour de la semaine est donné à l'Eglise comme l'était le sabbat pour Israël, ce n'est pas une loi. C'est un jour où l'on est dans la joie (Psaume 118:22-24).

Christ, en étant crucifié, devint « la pierre rejetée » mais par sa résurrection, Il est devenu «la pierre principale, celle de l'angle» (Actes 4:10-11).
Il sortit du tombeau le premier jour de la semaine (Matthieu 28:1).
Il apparut à ses disciples le premier jour également (Jean 20:19).
Ce jour-là, Il s'entretint avec les siens (Luc 24:15).
C'est aussi le jour de son ascension (Jean 20:17; 1 Corinthiens 15:20).
C'est ensuite le jour que l'on choisit pour enseigner et rompre le pain (communion) (Actes 20:7).
C'est enfin le jour où l'on apporte ses dons, ses offrandes à Dieu (1 Corinthiens 16:2).

LES ALLIANCES: DIEU FAIT ALLIANCE AVEC LES HOMMES
La première alliance, dans l'innocence (Genèse 1:28 – 3:13)

(a) Soyez féconds et multipliez-vous (Genèse 1:28).
(b) Soumettez la terre et tout ce qui y vit (Genèse 1:28).
(c) Votre nourriture sera toute herbe porteuse de semence, et les fruits. Cultivez aussi le sol – Genèse 1:29; 2:15).
(d) Il ne vous est pas permis de manger le fruit de l'arbre de la Connaissance du bien et du mal. Le jour où vous en mangerez, vous mourrez (Genèse 2:17).

La seconde alliance, avec Adam (Genèse 3:14-19)
Cette alliance sera changée quand Christ règnera sur la terre (Romains 8:21).

(a) Le serpent est maudit. Il doit désormais ramper sur son ventre (Genèse 3:15). Il mange de la poussière (Genèse 3:14-15).
(b) Dieu enverra un Rédempteur issu de la femme.
(c) La femme est aussi maudite; elle souffrira en donnant naissance à ses enfants, et elle sera soumise à l'homme (Genèse 3:16).
(d) La terre est maudite. Elle produira des ronces et des épines (Genèse 3:18).
(e) L'homme est maudit. Il devra cultiver le sol avec peine (Genèse 3:17).
(f) La mort fait son apparition.
(g) Les êtres humains sont chassés du Jardin d'Eden (Genèse 3:23).

La grâce est cependant manifestée. Dieu tue les premiers animaux afin de vêtir le couple qui a péché, et cela est une image de l'Agneau mis à mort pour notre culpabilité et notre honte (Genèse 3:21).
Les hommes reconnaissent le bien mais sont incapables de l'accomplir (Genèse 3:22; 6:5). Conséquences: ils sont tous détruits, à l'exception de Noé et de sa famille (Genèse 7:23).

La troisième alliance, avec Noé (Genèse 2:1 – 11:9)

(a) La terre vient d'être détruite par des inondations. Lorsqu'elle le sera à nouveau, ce sera par le feu (Genèse 9:7; 2 Pierre 3:5-7).
(b) Les hommes doivent exercer leur domination sur les animaux de la terre (Genèse 9:2).
(c) La justice est établie: celui qui tue sera lui-même tué par l'homme (Genèse 9:6).
(d) Sous cette alliance, il est défendu de manger du sang (Genèse 9:4, passage répété dans Actes 15:20). Les hommes pouvaient manger de la viande mais Dieu honore le sang, la vie qui a été répandue (Lévitique 17:11; Colossiens 1:20; Hébreux 9:2é).

Sous cette alliance-là, les hommes se mirent à s'élever, à s'exalter, et Dieu dut les disperser et confondre leurs diverses langues (Genèse 11:9).

La quatrième alliance avec Abraham et sa postérité (Genèse 12:1 – Exode 19:8)
(a) Dieu dit: tu seras le père d'une grande nation (Genèse 13:16; Romains 4:16-17; Romains 9:7-8; Galates 3:6, 29).
(b) Je te bénirai (Genèse 12:2).
(c) Je te donnerai un nom digne d'être honoré (Genèse 12:2).
(d) Tu seras en bénédiction à d'autres (Galates 3:13-14).
(e) Je bénirai ceux qui te béniront, et maudirai ceux qui te maudiront (Genèse 12:3).
(f) Le Pays dans lequel tu demeures t'appartiendra à jamais (Genèse 12:7).
(g) Toutes les familles de la terre seront bénies en ta postérité (c'est-à-dire le Seigneur Jésus). (Genèse 12:3; Galates 3:16.)

La cinquième alliance avec Moïse (Exode 19:8 – Matthieu 27:50)
Les enfants d'Israël firent un vœu qu'ils n'avaient pas le pouvoir d'honorer (Exode 19:8, Deutéronome 5:29).
(a) Il leur fut donné des commandements sur des tables de pierre (Exode 20:2-17).
(b) La mort étant le châtiment de toute désobéissance, cette alliance ne pouvait que l'apporter (2 Corinthiens 3:7-9). Christ se chargea de l'accomplir en mourant pour les pécheurs coupables (Romains 7:4; Galates 3:13).

La sixième alliance, à l'entrée au Pays de la Promesse (Deutéronome 29:1 – 30:20, puis Lévitique 26)
(a) Toute désobéissance devait aboutir à la dispersion des enfants d'Israël (Deutéronome 28:63-68).
(b) Etant ainsi dispersés, ils se repentiraient (Esaïe 1:2-27; tout le chapitre d'Esaïe 11).
(c) Le Seigneur Lui-même reviendra les rassembler (Deutéronome 30:3).
(d) Israël repentant sera ramené en Palestine (Jérémie 23:3-8).
(e) Israël tout entier parviendra à la repentance (Osée 2:14-16; Romains 11:26-27).
(f) Ceux qui auront persécuté ce peuple seront châtiés à leur tour (Esaïe 14:1-2; Joël 3:1-8).

La septième alliance avec David (2 Samuel 7:8-17)
C'est une alliance qui glorifiera le règne du Seigneur Jésus-Christ qui est de la postérité de David (Romains 1:3-4). C'est une alliance sans conditions car David avait obéi à Dieu qu'il aimait.
(a) La postérité de David était destinée à régner éternellement dans une lignée perpétuelle.
(b) Son autorité sera elle aussi éternelle.
(c) Si ses enfants désobéissent, ils souffriront mais ne seront pas rejetés à jamais (2 Samuel 7:15; Psaume 89:20-37; Luc 1:31-33; Actes 2:29-32; Actes 15:14-17).

La huitième alliance appelée la Nouvelle Alliance
(Hébreux 8:8 – 10:18)

(a) Cette alliance est plus grande que celle scellée avec Moïse (Hébreux 7:19).
(b) L'alliance faite avec Moïse contrôlait Israël par la crainte tandis que la Nouvelle Alliance apporte un cœur nouveau permettant d'obéir avec joie (Hébreux 8:10).
(c) Elle comprend l'ensemble des croyants (Ephésiens 2:11-13).
(d) Les péchés sont effacés, pardonnés (Hébreux 8:12).

Résumé:
Nos ancêtres ont enfreint la **première alliance**, introduisant ainsi la mort dans le monde (1 Corinthiens 15:22).

Nous souffrons encore sous la **seconde alliance** mais notre Seigneur, le fils de Marie, le Fils de Dieu, est venu afin de vaincre Satan à notre place (Esaïe 7:14; Matthieu 1:23; Galates 4:4, 5).

La **troisième alliance** doit encore apporter la colère de Dieu est aboutir à la destruction de la terre (2 Pierre 3:6-7).

Sous la **quatrième alliance**, toutes les nations sont bénies en Christ qui appartient à la descendance d'Abraham (Galates 3:16).

La **cinquième alliance** n'a apporté que la mort. Christ l'a cependant accomplie en mourant à notre place (Galates 3:13).

Sous la **sixième** et la **septième alliance**, Christ règnera à Jérusalem; il règnera sur toute la terre (Jérémie 33:16-26).

Enfin, la **huitième alliance** est la nouvelle naissance dont nous jouissons aujourd'hui (Hébreux 8:8-12).

LES JUGEMENTS

1. Les premiers à être jugés seront les enfants de Dieu (1 Pierre 4:17). Ce jugement aura lieu lors de la résurrection des justes (Luc 14:13-14). Ces croyants ne seront pas condamnés, leur péché ayant déjà été jugé et déposé au Calvaire (Jean 12:31-32; 2 Corinthiens 5:21; Jean 5:24; Romains 5:1).

Christ nous a débarrassés de notre péché en offrant le sacrifice de sa propre personne (Hébreux 9:26). Il a établi les enfants de Dieu dans une perfection éternelle (Hébreux 10:14).

Ce tribunal de Christ est destiné à offrir des récompenses aux chrétiens en accord avec leurs œuvres individuelles (Romains 14:10; 1 Corinthiens 3:13-15, 45; 2 Corinthiens 5:10; Colossiens 3:24-25; Luc 14:13-14; Ephésiens 6:8).

2. Les nations vivant à ce moment-là seront jugées lors du retour de Christ sur la terre (Matthieu 25:31-46), soit pour être reçues dans le Royaume, soit pour être rejetées dans le feu préparé pour le diable (2 Thessaloniciens 1:6-10; Psaume 9:19-20; Daniel 7:9-14).

3. Les Juifs devront alors rendre compte de leurs œuvres (Ezéchiel 20:33-44). Les méchants seront jetés dans les ténèbres (Matthieu 25:1-30) afin que la nation entière se soumette au Seigneur de tout son cœur (Esaïe 33:14; Matthieu 13:41-43; Romains 11:26).

4. Les anges qui se sont révoltés devront aussi être jugés (Jude 6; 2 Pierre 2:4); ils le seront par les croyants (1 Corinthiens 6:3).

5. Finalement, on verra un grand trône blanc devant lequel les inconvertis paraîtront (Apocalypse 20:11-15) lorsque les méchants reviendront à la vie eux aussi (Jean 5:28-29).

Cet événement aura lieu après le règne de Christ s'étendant sur mille ans (Apocalypse 20:5, 11).

Il sera montré à ces hommes et ces femmes que leur nom n'a pas été inscrit dans le Livre de vie de l'Agneau; chacun sera donc jugé selon ses œuvres (Apocalypse 20:12-15).

Certains chercheront à se justifier mais ils seront rejetés (Matthieu 7:22-23).

Wipf and Stock Publishers
199 W 8th Ave, Suite 3
Eugene, OR 97401

Enseignements Tires de la Parole de Dieu
Traduit de L'anglais par Arlette Drury
By Burton, W.F.P.
Copyright©2016 Apostolos
ISBN 13: 978-1-5326-6905-7
Publication date 9/16/2018
Previously published by Apostolos, 2016

www.ingramcontent.com/pod-product-compliance
Lightning Source LLC
Chambersburg PA
CBHW061515040426
42450CB00008B/1626